李靜

萬里機構

薪傳卓藝

功著球壇

行政長官李家超

李家超（印章）

# 序一

「李靜」是個響亮的名字。2004 年，他夥拍高禮澤先生出戰雅典奧運男子乒乓球雙打項目，勇奪銀牌，為香港回歸以來的首枚奧運獎牌，全城雀躍，場面振奮人心。兩年後，「乒乓孖寶」在多哈亞運會中摘下金牌，讓香港紫荊區旗在大型賽事中再次冉冉升起，令香港人引以為傲。

卸下運動員的戰袍後，李靜先生身負香港乒乓球女子隊主教練的重任，帶領港隊在亞洲乒乓球錦標賽和國際青年巡迴賽等多項大賽中屢創佳績，而成員李皓晴、杜凱琹和蘇慧音更在 2020 東京奧運會中勇奪歷史性的團體賽銅牌，為港爭光。

李靜先生在香港乒乓球壇的成就，可謂前無古人。他是本港首位以運動員和教練身份均贏得奧運獎牌的精英，既展現出運動員刻苦耐勞、不屈不撓的精神，也顯露出教練因材施教、調度有方的超卓能力。

我深信讀者細閱此書，不但可從多個角度認識這位體壇明星，更能感受到體育運動的正能量，從

中效法他為實現夢想而拼盡全力的人生哲學。此外，讀者也可在李先生過去體育生涯的高低起跌中得到啓發，以無比的勇氣以及樂觀、靈活變通的態度，克服人生中大大小小的挑戰。

文化體育及旅遊局局長

**楊潤雄，G.B.S., J.P.**

# 序二

李靜教練在 2004 雅典奧運勇奪乒乓球男雙銀
牌，當年我有幸在雅典奧運現場欣賞到他的英
姿：與拍檔的默契、出色的發揮，為香港乒乓球
隊寫下歷史一頁。他淡出運動員生涯，轉型執起
教鞭之際，正是我開始體育界公職服務生涯的時
候，故一直在我眼中，不但看到他身上有着運動
員身份的堅毅，亦總是帶着教練身份的威武。

特別記得以往一起到海外參加運動會，教練總是
中氣十足，遠遠就聽到他洪亮的聲線；他既要顧
及運動員抵埗後的適應和訓練，又要協調乒乓球
隊的瑣碎大小事，盡顯「鐵漢」細心柔情的一
面。為了助運動員爭取更好的休息及配套，他會
常常跟我們反映住宿環境、飲食及交通配套等要
改善的地方，細緻入微。

面對運動員，他既是「慈父」，亦是「嚴父」。
相信大家都見他在 2020 東京奧運對乒乓球運動
員的鞭策，在緊張時刻的自然流露，毫不掩飾爽
直的真性情，加上金句連連，令教練風頭一時無
兩，受到廣大市民的喜愛。

去年立法會選舉，有幸得到教練的支持，提名我並擔任團隊顧問，更身體力行在百忙中抽空陪同我前往報名，給予最實在的鼓勵。每次我跟教練道謝，他總是輕拍我肩膀說：「小意思！」一句話，簡單卻充滿情義。

希望大家能夠透過此書，深入了解這位「金句王」的人生哲學，認識他幽默風趣背後鮮為人知的另一面。

中國香港體育協會暨奧林匹克委員會副會長
立法會議員
**霍啟剛，J.P.**

# 序三

得悉李靜教練出版他首本個人自傳，細說他由國家乒乓球隊運動員一步一步走到今天，成為香港體育學院（體院）乒乓球女子隊主教練的經歷。拜讀作品後，讓我感到十分佩服和激動。我能為本書撰寫序言，深感榮幸。

乒乓球被譽為中國「國球」，在香港地區亦是最受歡迎的運動之一，並自 2002 年起成為體院「A*級」精英體育項目；香港乒乓球選手一直於國際舞台上發光發熱，為港增光。2004 雅典奧運會，「乒乓孖寶」李靜及高禮澤在男子乒乓球雙打項目摘下香港回歸祖國後第一面奧運獎牌，至今依然令人津津樂道。回望當年李靜離鄉別井，選擇來到香港發展，過程之中遇上大大小小的困難及挑戰，他都能憑藉自己的人生理念迎難而上，堅持下去。也許是家庭的教育、成長的環境和教練隊友們的真誠相待，共同塑造了他遇強愈強、敢於接受挑戰的鮮明性格和專業精神。

在 2020 東京奧運會，李靜帶領香港女子乒乓球隊勇奪銅牌，成為香港首位自身擁有奧運獎牌，

並同時帶領運動員贏得奧運獎牌的教練。不論在賽場上或賽後的傳媒訪問中，他那些精闢獨到的用詞、七情上面的表情和充滿激情的肢體語言，除運動員受到鼓舞外，電視機前的觀眾也被那份高漲的情緒所感染！直率和坦蕩蕩的真性情，讓他更容易拉近他與年青運動員的距離，跟他們打成一片，大大增加相處及溝通的機會，使訓練效果相得益彰。

這本自傳的出版剛好迎上香港回歸祖國 25 周年的重要時刻；國家競技體育發展水平非常值得本港借鏡，內地和香港兩地體育文化交流、人才流動都十分重要。隨着香港與內地更緊密的合作和溝通，希望能讓像李靜教練般的體育人才繼續在港發揮所長，為香港體壇作出充滿「激情」的貢獻。

香港體育學院主席

**林大輝博士，G.B.S., J.P.**

# 序四

「李靜」、「阿靜」、「靜哥」、「靜教練」，這些都是我由 20 多年前認識李靜至今，聽到不同時代不同人士對他的親切稱呼。

2004 年，李靜為香港回歸後取得首面奧運獎牌，與高禮澤雙劍合璧為香港作出了巨大貢獻；他在香港乒壇的出現，影響力舉足輕重，其成就亦深深影響到近代香港乒乓球發展。

李靜從國家億萬個之一的乒乓小子，到在香港乒壇佔一席位，成為港隊代表，再在一夜之間演變為受萬千香港市民注目的奧運獎牌得主，及至熱潮過後變回尋常百姓家的一個普通男人，成家立業，做了人夫、人父、人師，現在更成為首個既以運動員繼而以教練身份都為香港獲得奧運獎牌的人物；不同年代擁有不同身份，每個身份都為香港乒乓球代表隊寫下光輝歷史，立下汗馬功勞。

李靜在香港走過不同主題的人生部曲，每步腳印都與近代香港乒壇發展史有着千絲萬縷的關

係。他在港隊不同時代擔任不同角色，都見證着本地土生土長的運動員的成長；他悉心協助香港乒乓總會，專注培訓，將他的技術、經驗、知識和體會，傳承給這班香港乒壇新一代，目睹他們漸漸在世界乒壇中嶄露頭角，一步一步的躋身世界頂尖球員行列；由幼苗被注養成為果實，今在 2020 東京奧運會中開花結果。李靜這刻留下的步印，便是親自在賽場邊，與運動員共同製造出香港回歸後在奧運乒乓球項目中奪得的第二面獎牌！

很榮幸在近年香港乒運發展史及香港乒乓總會着力培訓本土運動員的艱辛路途中，有李靜和一班朝着這個目標努力不懈、作出無私奉獻的一眾無名英雄！一句記之曰：一步，一腳印．一里，一程碑．一代，一承傳。

香港乒乓總會主席

**余國樑，B.B.S., M.H., J.P.**

# 自序

## 無言的感激

因為這本書，我倒帶回看了半生。首先要講句：
玻璃心勿入。

然後，想多謝好多人。

多謝家人支持。父母的支持對小朋友來說意義非
凡，冇人知你揀嘅行業得唔得，我很幸運，有一
對難得開明的父母。

多謝一開始就遇到負責任的教練，從他們身上學
到責任心和擔當。細個都會有軟弱時候：卸下
膊、講下大話，但短暫的不懂事，都因為加入了
乒乓大家庭而改變。我學懂了肯承擔，為球隊企
出嚟做事，自己不斷學習去爭取進步。

多謝師兄林志剛、林廣勝等前輩，以前只係執
波、跑腿、做雜務，想學波就要主動求教；他們
慷慨地花私人時間和心機去指導我，無償傳授真
功夫給我，感恩。你們讓我明白到，兄弟情係講
真心話，不用太多奉承，要以真誠待人。

多謝對手。他們都是天才級人物,輸給他們的確難受,但我能從他們身上偷學到一、兩招,變成自己嘢,到比賽時運用真係會見效!由此學懂人要打開思維,要懂得欣賞對手,唔係一味踩低或妒忌。乒乓一定要有人同你對打,打波只有贏和輸兩個結果,但如何對待對手和輸贏,正教曉了我做人要自發上進、主動規劃,做事要有準則和底線。

多謝廣東隊和國家隊每一位教練,他們傳授簡練而精準的打球技巧和寶貴意見,提高我對乒乓的理解。趙國成教練帶我出身,在我最困難時體諒我已盡力,方方面面在背後力撐我,撐出我精彩人生;尹霄教練引領我學到最上乘武功,我的正手有如少林金剛拳,令我能在賽場上打出事業濃墨重彩的一筆。

多謝香港隊,給了我一個人生最重要的國際舞台。教練陳江華,他目光如炬,看透球員優劣點,指正我的問題,讓我領悟到太極中「柔」的道理,令我的金剛拳發揮得更好。他身體力行,教曉我教練和球員可以意見不同,但只要心意一樣、目標一致,就能排除雜質,應付場上變化,

一矢中的。他眼光和思維上的啟發，清晰了我的打球理念，是實質的幫助，也是我人生重要的轉捩點。

多謝球員，佢哋好有童真，令我心態都後生返晒。

乒總余潤興會長和余國樑主席，無言的感激 ——這感激，講多一句都會失色。

多謝人生導師李南生，靈魂修補。我做球員，學識和經歷不多，成日贏氣勢輸囂張；從他對成敗的看法，我感悟到如何與自己對話，學懂對人對事更柔和但不失真我，也學懂看待問題可以有很多不同觀點和方法，真諦是要真正發自內心去做好，不要計較得失。自願去做、鍾意去做、認真去做，才會做好一件事，而不論結果如何，都能無悔。

多謝乒乓以外，各界亦師亦友的朋友。與他們交流，我學到由讀書到退役轉型，於生活上所需的待人接物方法；大家互助互勉，互相提攜。

多謝病痛，教曉我勇敢面對一切未知。人遇到困難一定會好躁好㷫，還有學習過程中必經的無奈

和冇 mood，但多得中毒和傷患，我學會了怎樣瞬間穩定情緒和心態，勇敢面對和處理，唔縮沙唔貪舒服。食得鹹魚抵得渴，愈優秀的人愈懂安慰自己。我選擇的體育生涯，注定苦困和煎熬，早點遇到和學懂解決就能早點超脫。處理問題不止一種方法，此一時彼一時，理論要結合實際情況才實際，一條路不要行到黑，懂變通才會愈行愈光明。

感激上天畀飯食，我人生起伏多但也擁有克服它們的能力，這已經是最大的運氣。最痛苦時，我能屈能伸，靠後天學習去進步、善用自己身邊的資源，沒有因那些挑戰艱巨而一蹶不振。所以，我也不得不多謝自己。

此書，李靜半生啟示錄。我真心希望這些回憶和感受，能令所有運動界的、年輕的、想法未夠深入的，以至人生少遇挫折和經歷的，看後會有一點點共鳴；能有一點點幫到你，於願足矣。

李靜

# 目錄

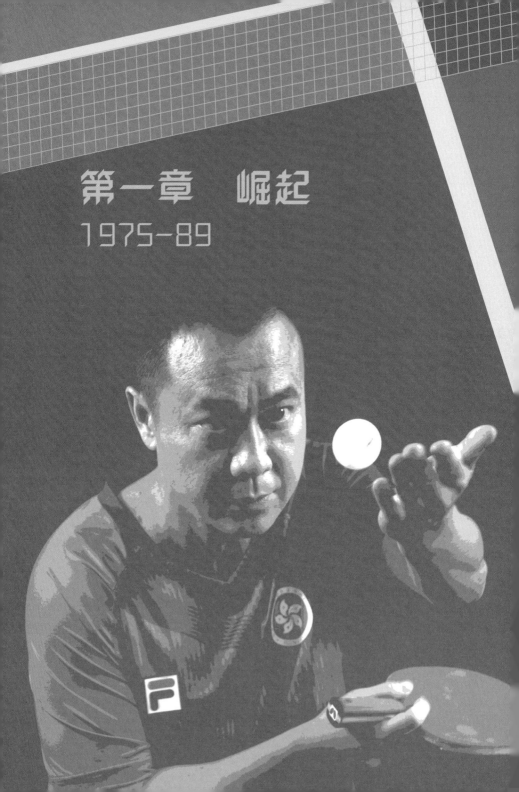

# 第一章　崛起
## 1975-89

**天賦初現，球場上橫行無忌，10 歲破格進入省青年隊！**

1975 ●—— 廣西出生

1980-85 ●—— 於珠海斗門乒乓體校訓練

1985/6 月 ●—— 於省體校集訓

1985/9 月 ●—— 被趙國成教練選中，加入廣東省青年隊，
於廣州二沙島集訓

1987 ●—— 正式成為職業乒乓球員

1989 ●—— 遇上瓶頸，從打遍隊內無敵手到幾乎場場包尾

1989/6 月 ●—— 教練引導下改變打法，決心重新打好基礎

1989/9 月 ●—— 短短 3 個月「開竅」，谷底反彈，
水平追上全國精英，在廣東「打橫行」！

1989/10 月 ●—— 無錫大區集訓（全國青少年集訓），
獲尹霄教練選中，加入國青二隊

# 1975
# 青爭*

我叫李靜，廣西出世，屋企排行最大。

單名一個「靜」字，名字由來，可能老豆想生女啩，

或者嫌我嘈？

靜，安也，澄也，和也，息也。這個中文字，很正

氣，我鍾意 —— 雖然似女仔，又多同名。

很多報道形容我個性「火爆」、「躁底」、「心急」，

名字叫「靜」好違和。其實「靜」這字，左「青」右

「爭」——

## 人，就應該趁年青，爭一爭！

能堅持 40 年乒乓路，少不了一顆想「爭」的心。

試想想，我們每一場比賽，動用的打法或策略，少

說也好幾十種，身心腦筋，都要識郁識轉彎。

爭勝，動中要冷靜，靜中有鬥心。

現在做教練，「爭」取的東西不同了，我也學習讓心

靜下來。

## 不同人生階段，有不同速度。有些突襲慢不下，有些回報急不來。

偶爾抬頭望望天空，看黑鳶青空遨翔，不爭也不求。

* 按：為更能演繹李靜本色，本書行文摻合廣東話，並特意加上相關註腳，讓讀者更能領會他的金句神髓。（本書之廣東話註腳，純為方便讀者理解，正確拼音及字詞釋義請以廣州話字典為準。）

---

**出世** ceot¹ sai³【出生】

**屋企** uk¹ kei²【家，家裏】

**老豆** lou⁵ dau⁶【即老竇（廣東話「豆」與「竇」同音），意即爸、父親】

**啩** gwaa³【吧】

**女仔** neoi⁵ zai²【女生】

**躁底** cou³ dai²【個性急進，容易發火】

**爭** zaang¹【爭取，爭氣，爭勝】

**識郁** sik¹ juk¹【懂得動】

# 1980
# 有錢難買鍾意

點樣開始打乒乓波？純粹自己鍾意。

我家附近就是（斗門）體校，步程不過 5 分鐘。

上學時經過體校，看到省隊教練和職業球員表演，咁就鍾意咗，5 歲便自己報名去上乒乓堂，自此一心一意，沒有其他志願。

鍾意得足夠，才會專注，才會特別用心，多奮鬥一點，即使遇上問題，也會更落力去想辦法解決。

小時候輸波會喊，但「自己揀嘅」，再辛苦也堅持到、不放棄。

## 好似女仔揀老公，自己鍾意會捱得耐啲！

不止運動，很多人的成功、成就，追溯其初心，無非「鍾意」。

追逐自己鍾意的夢想，是一種自我肯定。很多父母的盲點，就是逼小朋友做呢樣、學嗰樣；但唔鍾意，很難做得好，任何事都一樣。

要成功，先不論其他因素，最緊要夠鍾意。

有錢難買我鍾意！

---

**點樣** dim$^2$ jœng$^2$【怎樣，如何】

**純粹** seon$^4$ seoi$^3$【純屬】

**喊** haam$^3$【哭】

**老公** lou$^5$ gung$^1$【丈夫】

**耐啲** noi$^6$ di$^1$【長久一點】

**做呢樣、學嗰樣** zou$^6$ li$^1$ jœng$^6$, hok$^6$ go$^2$ jœng$^6$【做這個、學那個】

**唔** m$^4$【不】

**緊要** gan$^2$ jiu$^3$【重要】

# 1985
# 無為歲月

斗門是西江水與海水交匯處，盛產河鮮；我小時候消遣活動之一，就是捉河鮮！

父母都要工作，幾歲的我，在學校把完成的作業往抽屜一塞，就衝出去玩。

那個年代，小孩子生活很簡單，沒太多物質，擁有一架單車已經好巴閉！

鄰居中有三四個大哥哥，他們都有單車，我就屁顛屁顛坐在單車尾，跟他們到山頭小溪或河塘旁，用泥圍堵水流，貓起腰捉起魚來。

斗門的水清澈見底，甚麼都能捉到，黃鱔呀、沙蜆呀，還有蟛蜞；拿回家，蒸來吃，鮮甜得不要不要的。

捉完魚，我們小心重新疏通水道，還會拿家裏的廚餘去「餵」水產，取諸自然、還諸大地，蠻符合今天的可持續理念哈？！

或者在地上挖個坑，燒紅了，放幾個番薯，把落葉

壅在上面，然後跑去捉迷藏、用丫叉打雀，回來就有香噴噴燜番薯吃。

話說回來，我用丫叉的眼界很差，果然人無完人……

後來我漸漸投入乒乓練習，出去玩的時間越來越少，畢竟，自己的強項當然會更用心！

但這稚嫩歲月的回憶，依然在我心內一隅閃閃發亮，**比之獎牌，毫不遜色。**

巴閉 baa¹ bai³【厲害】
踩單車 caai² daan¹ ce¹【踏自行車 / 腳踏車】
蟛蜞 paang⁴ kei⁴【一種小螃蟹】
壅 ngung¹【堆埋】

1985

# 自問不是天才

10 歲被趙國成教練選中，來自小區體校的我加入廣東省青年隊，是「跳級」般的破格收錄，不過 ——

**我唔係「天才」。**

天才擁有絕對的天分，他們的獨門技術「一招先，食遍天」，一出場所向披靡，不管如何努力都難以超越，如世界最頂級球手：劉國梁、孔令輝、馬琳。

天分面前無僥倖，與天才相比，人哋係三粒星，我係兩粒星。

但不是天才沒關係，天才也有天才的障礙，例如叻就唔想學習，好正常。

相反，我也許只有兩粒星天分，但還有半粒星夠鍾意乒乓，再加半粒星勤力、唔怕輸、爛打、死蹺，蹺字當頭！

遇上天才打的球，當下自問是沒能立即理解到；但我會努力學習，不斷把別人技巧長處融入自己體系，學以致用。

懂得將勤補拙，也是一種天分！

其實今天各行各業亦如是，講求複合型人才（多才多藝），很多人都是靠不斷學習變強，成為不止「一招先」的高手。

## 不是天才？那麼，無限接近就好！

---

**唔係** m⁴ hai⁶【不是】

**人哋** jan⁴ dei⁶【別人，人家】

**叻** lek¹【厲害】

**爛打** laan⁶ daa²、**死𤷪** sei² lœ²【死纏爛打，不肯放棄】

在我的隊員中，

李靜是一位勤奮學習，

刻苦訓練，

有上進心的優秀運動員。

趙國成

時任廣東省隊男乒主教練

1990 年代某慶功宴，李靜（左）
與恩師趙國成教練（中）和師弟
李肇民（右）合照。

"不是天才？
那麼，無限接近就好！"

## 1987
# 24 個幾的囂張

我人生第一份糧，月薪 24 蚊幾毫子。

1985 年獲選入廣東省青年隊，在廣州二沙島集訓一年後，我正式成為職業乒乓球員。

## 12 歲便掙錢養自己！

未入職前的集訓就像試用期，名份未確定，心情難免戰戰兢兢，很怕犯錯會被教練 foul 走；同時學費、使費，還有球板呀、海綿呀、出賽食宿費……都是自費。

知道自己成為正式球員後，覺得年紀這麼小，已經不用家裏付錢，好威！

同時亦代表得到教練認同，很開心，覺得他是認可我的潛力才選中我。

我偷「眈」教練填的入職表格評語，説我是「比賽型球員」，靈敏、話頭醒尾。

事實上我的賽績也夠亮麗！那兩年多（約 1986-89 年初），我可説是打遍廣東省無敵手，都幾「囂」

㗎，會耍下啲對手，有技術咪耍佢囉！

當然，**囂張太早，理念錯誤**，問題很快便顯現出來。

---

糧 lœng⁴【薪金】

蚊 man¹、毫 /hou⁴【錢的單位，即元、角。】

使費 sai² fai³【雜費】

㩒 gap⁶【偷看】

話頭醒尾 waa⁶ tau⁴ sing² mei⁵【機敏，舉一反三】

囂 hiu¹【囂張】

㗎 gaa³【又作「嘎」，句尾助詞，表示肯定或加強的語氣】

耍 saa²【戲弄】

佢 keoi⁵【常指前文提及的某人，或泛指別人】

# 1989
# 甩肺

職業球員的生活，很單調。

練波就像軍訓一樣嚴格，此外也要兼顧上學讀書，犯規三次就踢出隊，很講求自我管理。

每天的操練很機械式，早餐後休息一下便開始，連續六小時。

首先少不了跑圈、舉鐵，體能是所有運動員的基本，沒有體能，技術再高也是空談。

發球接球，幾百球，一口氣不准停。

步法，練不斷高速移動，同時兼顧腰馬合一，保持重心，打完一球立即還原位置，跑到甩肺。

## 哪裏「辛苦」了？根本是「捱」！

大家都只十來歲，但完成教練安排的訓練後，幾乎沒人立即休息，反而自願留下來加操。

堅毅，就是從這種平日訓練中，慢慢養成的良好習慣。

身，按時作息，沒遲到早退，沒半夜打機煲劇，沒少少肌肉痠痛便請假。

腦，每天只專注解決一個技術問題，不斷提煉取捨、提高水平，天天如是。

心，無旁騖。勝則力求突破，敗則迎難而上。

**練球如修行，難忍能忍，難行能行。**

小時沒捱過，大時怎捱得過現實的毒打？

---

**甩肺** lat¹ fai³【氣喘吁吁】

**跑圈** paau² hyun¹【繞圈跑】

**舉鐵** geoi² tit³【負重運動】

**捱** ngaai⁴【熬下去，苦撐】

**煲劇** bou¹ kek⁶【刷劇】

## 1989
# 拆彈

「李靜，給我出去罰站！」

個性「活潑」的我，當年在趙國成教練眼中，大概就是個迷你炸彈。

我一輸波就好躁，踢枱、拍波、掟板，乜都出齊！

因為是隊中年紀最小，練球對手都是大我幾年的師兄，不夠高不夠力不夠旋，常常輸，我頭耷耷眼濕濕，然後邊哭邊繼續打。

現在回想那畫面，一定好好笑。

偏偏我又死牛一邊頸，不怕輸，要證明自己打球的想法，如此這般，輸十幾場後，才死死氣地自己轉彎，改變策略。

**輸了亂發脾氣，是體育精神不夠**，教練會罵我，罰我面壁，甚至不准我入球室！我一唔練波就周身唔聚財，㧬不了多久就自己誠心認錯，但求能繼續練。

教練見我輸得如此「認真」，又真係嬲唔落（笑），
總會原諒我心態未成熟，繼續慢慢引導，軟硬兼施。
上兵伐謀，好的教練，甚麼樣的年輕球員沒管理
過？個個教練都是拆彈高手，而且手法快、狠、準。
像我後來去大區集訓（見本章〈殘酷一叮〉），其實
是第二次集訓後才被選入國家隊，原因，卻非第一
次打得不好。

第一次集訓，國家隊主教練尹霄叫我打 60 球，我打
完 60 球便叫停。哈，一個小鬼夠膽比教練先開口叫
停，教練怎樣「拆」？不就是直接不選我，讓我「見
過鬼怕黑」！

自此我便知道了，球員要超越教練佈置的要求才叫
優秀。這種道理，光花費唇舌去講，沒用。

六月債，還得快，多年後就輪到我自己去拆彈……

掟 deng³【扔】

**頭耷耷** tau⁴ dap¹ dap¹【垂頭喪氣】

**死牛一邊頸** sei² ngau⁴ jat¹ bin⁶ geng²【固執，倔強】

**死死氣** sei² sei² hei³【形容氣忿但又無奈地】

**周身唔聚財** zau¹ san¹ m⁴ zeoi⁶ coi⁴【渾身不自在】

**嬲唔落** nau¹ m⁴ lok⁶【拿你沒辦法】

# 1989
# 輸咗就知衰

我最初的打法是正膠快攻，以控球取勝，贏遍全省，但很快，便迎來人生第一次挫敗。

隨着年齡增長，大家開始發育，力量大了、旋轉強了，我控不了他們的球，就開始輸波了。

由第一變第尾，場場輸，連女球員也贏不了，不折不扣一敗塗地，內心受到一萬點暴擊傷害！

問題出於我平日只顧練控球，其他方面沒下苦功；殺板不行、抽擊技術不過硬，沒得分能力。

換成足球，就如有帶波冇射波，輸是必然。

教練有提醒我，但贏波時當然聽不進去，輸咗就知衰！

**走精面，係自己呃自己！**一個球員，應該要各方面能力都強。

自己知衰反省很重要，更感激教練沒放棄我。

我決心重新打好基礎，在教練的指導下改為反膠快

攻結合弧圈，3 個月後忽然就開竅了，突破以前的成績，追上全國精英水平，連隊內師兄都打贏。

1980-89 年前後用了 9 年時間學打球，但 1989 年開竅只用了短短 3 個月！

回想此事，年紀小自然見識少、沒遠見，猶幸教練願教，我自己又執行得到，從失敗中成長，很開心，很滿足。

一時輸贏不重要，**你真正的對手從來不是同行，而是不同時期對自己的不同需求。**

---

**第尾** dai$^6$ mei$^1$【最後一名】

**帶波** daai$^3$ bo$^1$【控球】

**射波** se$^6$ bo$^1$【射門】

**知衰** zi$^1$ seoi$^1$【知錯】

**走精面** zau$^2$ zeng$^1$ min$^2$【走捷徑，取巧】

**呃** ak$^1$【騙】

## 1989
# 殘酷一叮

輸咗知衰「開竅」後，我到江蘇無錫進行大區集訓，
與全國各省青少年精英一起訓練。

訓練比起省隊，還要辛苦。

天寒地凍，一盤三、四百球一口氣連續打，奪命狂
奔，體重都立馬輕幾磅。

了解一下，以一天一盤計算，兩個月下來，就是
168,000 球，起碼！

還有種「高速死亡法」，連續 60 球全部正手抽擊，
抽完真的呼吸困難面無血色，唔係講笑！

隊內我們也要爭排名，而且還是不折不扣的生死
對決。

須知道，相比大家都看得見的國際賽，隊內比賽才
是最難打，因為大家都熟悉彼此門路，要贏？好難
超難極級難！

所以，我們球員一上場，哪裏還有不知愁滋味「年輕

小伙子」的模樣？**個個都像野獸**，氣場一開，我撕碎你！！！

壓力真的很大，操練很痛苦困難，但 14 歲的我，沒讓家人知道。

我沒抱怨和訴苦的習慣。辛苦不是最基本的嗎？

至於隊內賽，跟所有比賽一樣，**唯一的選擇就是贏**，一輸便被「叮走」。

當然不是說贏了就大晒，但贏了講嘢都大聲啲，輸咗仲呻乜鬼，全世界都係咁㗎啦。

## 結果就是硬道理！

這次集訓的結果是，我得到當年國青隊尹霄教練賞識，成功獲選入國家隊！

---

**叮走** ding¹ zau² 【踢出隊】
**大晒** daai⁶ saai³ 【最成功】
**講嘢** gong² je⁵ 【說話】
**輸咗** syu¹ zo² 【輸了】
**仲呻乜鬼** zung⁶ san³ mat¹ gwai² 【還有何話好說】
**係咁** hai⁶ gam² 【是這樣的】

李靜是一位勤學苦練，

鬥志頑強，頭腦靈活，

且善於動腦筋的運動員。

他為國家為香港乒乓球事業

做出了卓越貢獻！

尹霄
時任國家隊男乒主教練

**1**： 1983 年（8 歲）首次參加省少年賽。省少年賽是「小學雞」升「中學雞」的指標，當年沒手機，難得有相片拍下我表情滿分的寶貴一刻！

**2**： 1985 年（10 歲），在體校拍攝「宣傳照」，宣傳乒乓運動。大家企到齊戢戢，頸上掛晒獎牌。

**3**： 1986 年（11 歲）到澳門比賽交流，與眾師兄弟拿着獎杯合照。

**4**： 1986 年第七屆廣東省運會，是省內規格最高比賽，11 歲的我勇奪單打和團體亞軍，個獎座幾大個！XD

**5**： 1986 年 7 月 29 日，省少年賽滿載而歸，與陳湛炳教練合照。

**6**： 1987 年容國團杯比賽，12 歲的我贏得單打和團體冠軍。從球枱款式辨別出是在舊銀禧（今天的香港體育學院）比賽。

**7**： 1988 年第一屆城市運動會（城運會），記得當年是珠海市副市長雷于藍（左二）擔任代表團團長。

**8**： 1988 年，斗門乒乓球隊到香港比賽交流。

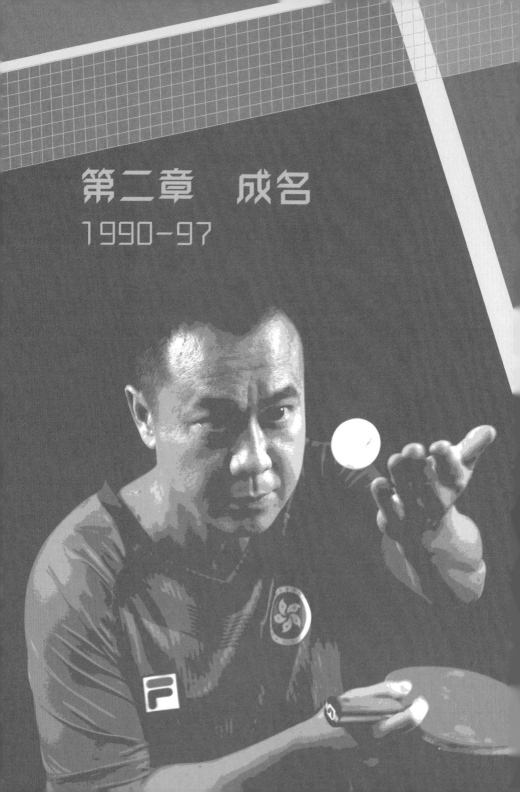

# 第二章 成名
## 1990-97

入選國家隊，體會強者世界的殘酷，期間直板轉橫板，嘗盡挫敗！

1990 ●——— 進入國家二隊（「國家青年隊」）

1991 ●——— 青島集訓，取得隊內冠軍
同年奪城運會男單亞軍

1992-93 ●——— 全錦賽男單亞軍，入選國家一隊

1993 ●——— 全運會男單第四、男雙亞軍

1993-94 ●——— 轉打橫板，期間完全無得獎，
是「最痛苦的一年」

1994/3 月 ●——— 轉回直板

1995 ●——— 全錦賽男雙亞軍、男團及混雙季軍

1996 ●——— 全錦賽男團冠軍、男雙亞軍

1997 ●——— 全運會男團冠軍

# 1990
# 搏命食飯

**收到國家隊取錄消息**，那一刻的感受，就是
……想像拍青春偶像劇那樣在山頂大叫：
「阿爸我得咗喇～喇～喇～(回音)」！
大區集訓依出生年份分組，例如我那時候就是「72
73」一個年齡梯隊，「74 75」另一個。
1975年出生的我年紀最細，又特別瘦，各種意義上
都還很嫩。
隊內比賽，老規矩，分組打大循環，每組三甲「升
班」，成績差「降班」。
贏，固然重要，但更重要的是國家隊教練會來
擇蟀！
我一開始在最渣的第三組，最後成績是二組冠軍。
這成績，嗯還好啦，但世事無絕對嘛～
所以集訓完了回省，傲嬌地扮着若無其事等消息等
了個多月，最終知道真係「得咗」，特別開心！
省隊教練趙國成跟我食飯慶祝，他教誨我這個「Cry

仔」：「要聽話，唔好咁曳，冇人照住你啦！」新一片天地，一係潛水一係飛，從此要靠自己殺出條血路！

屋企當然也很高興。老豆的叮囑簡直不要太實惠：「搏命食飯！」

得！**食飯一定要積極！**

就這樣，我開始了努力聽話和食飯的國青之旅。

---

**搏命** bok³ meng⁶【拼命】

**得咗** dak¹ zo²【成功了】

**擇蟀** zaak⁶ seot¹【挑選有潛力的年輕球員】

**渣** zaa²【差，不好】

**Cry** kwaai⁴【「壞」字異讀，在香港常用以形容兒童或青少年反叛、不聽話】

**曳** jai⁵【意思和「cry」相近】

**照住** ziu³ zyu⁶【關照，照應】

**潛水** cim⁴ seoi²【形容跌入低谷，銷聲匿跡】

# 1990
# 沒空玻璃心

與其説競技運動令小孩子早熟，不如説它讓人儘早走出象牙塔。

簡單如球員宿舍，一句講晒：成績愈好環境愈好。最初可能 12 人一房，成績好一點就 6 至 8 人，再叻啲 4 人。

你每天腳一踏進房間，咁，不是曲線，是擺明打臉！

又例如我這個廣東小霸王，一入國家隊，以前我耍人，現在變了被人耍，成隻鵪鶉咁，聲都唔敢出。

怎樣耍？就是用技術耍！用你的專長擊敗你，未出手就睇穿你下一球落點，步法再快都跑不到位，任你怎拉怎扣怎殺都得不了分……各種花式死法，我都試過，真係超 hurt。

但這就是現實。人要尊重現實！

以為自己是高手？少年你太年輕了，**世上最不缺的就是高手**啊！

我勤力，可勤力只是最基本。但凡高手，誰不勤力？**基本嘢唔好攞出嚟講**，冇基本嘢根本唔入流，唔該！

隊內賽不分年紀、年資，輪流對打，成王敗寇，殘酷才鍛煉到高手。這條路無人長勝，所以膊頭要夠硬淨，扛得起輸的重量。**高手必須輸得起！**
我見過有兩三位師兄，輸在輸波心態管理，自己打敗自己，最後退隊。連扼腕都來不及，競技運動就是這樣人來人往，浪湧浪退。

憑本事食飯，靠實力碾壓，沒空玻璃心。

---

**一句講晒** jat¹ geoi³ gong² saai³【一言以蔽之】

**叻啲** lek¹ di¹【厲害一點】

**擺明** baai² ming⁴【分明就是】

**鵪鶉** am¹ ceon¹【比喻一個人誠惶誠恐，不敢吭聲】

**睇穿** tai² cyun¹【看破，洞悉】

**真係** zan¹ hai⁶【真的是】

**超 hurt** ciu¹ hɜːt【（感覺）超級受傷】

**攞出嚟講** lo² ceot¹ lai⁴ 或 lei⁴ gong²【拿來說】

**唔該** ng⁴ goi¹【謝謝，拜託】

## 1990
# 走火入魔

訓練的日子，我好似女仔⋯⋯睇化妝品時咁入迷。

當被人殺得片甲不留，我知恥而後勇，操練也變得更瘋狂。

每天基本訓練 6 個鐘，例牌加操至 10 個鐘。

整個人，專注得像走火入魔，身邊發生甚麼事都看不見、聽不到，連教練是在旁邊還是走了都不知道。

眼裏腦裏，**波，全部都係波！**

加操沒人逼，自動自覺，全因眼前就是最佳榜樣！像師兄林志剛，還有師姐鄧亞萍，正值巔峰狀態的她不但沒有鬆懈，反而訓練無比刻苦，我常常跟着他們加操至晚上 8 點。

那對技術追求極致的習慣、永不言敗的體育精神，親眼每天看着，遠比言語所能表達的震撼許多許多，**這是我在二隊最最難忘、且畢生受用的回憶。**

再者環境不同 —— 那年代沒那麼多「花臣」，沒上網沒手機沒社交媒體；也沒那麼商業味、利益化，不像今天運動員可以拍廣告做 KOL 逐個 IG post 計錢。

**喜好：乒乓。**

**夢想：世界冠軍。**

**就這麼簡單粗暴！**

今時今日，興講「追夢」，卻幾乎將「追夢＝放飛自我」。其實真正的追夢，路漫漫其修遠兮，吾將上下而求索。

要純粹熱愛，要絕對自律；要耐得住失敗的痛苦，抗得住常人所不能的煎熬。

**如未曾為夢想走火入魔，那麼請老老實實承認：你只是在發「夢」空「想」。**

---

**好似** hou$^2$ ci$^5$【好像】　　　　**睇** tai$^2$【看】

**花臣** faa$^1$ san$^2$【花樣，花招，噱頭，玩意】

**KOL** kei əʊ el【Key Opinion Leader，原指專業範疇上具備影響力的「意見領袖」，現多引申為「網紅」的意思】

**IG** aɪ dʒi:【Instagram，社交媒體軟件】

他是一個熱愛生活、

踏實肯幹，

同時也聰明好學

及人緣非常好的年青人，

這就是我眼中的

好兄弟李靜。

林志剛

國家隊師兄

我在國家隊當隊員的時候，
李靜還在國家二隊，
有時他會和我先生林志剛
一起陪我訓練。
李靜是一名非常聰明
和能吃苦的運動員。
後來代表香港隊，
取得了奧運會
雙打亞軍的好成績！

鄧亞萍

國家隊師姐

# 1990-91
# 10 分鐘李靜式開竅

現實的敲打，讓自己的不足立現，啟動了我的**輸中尋悟**模式。

於是，我進入了接近一年「摸索以上、套路未滿」的混沌階段。

捉摸球感，領會擊球時間、擊球部位和用力方式。

將每一球打準啲，打卡罅位大力啲、刁鑽啲。

嘗試不同的戰術，上次輸 21：17？下次試試只輸 21：19，總之，捱多幾板 ── 能捱打也是種實力！

360°全方位無死角努力嘗試過，只是，好像……變成有點撞手神？

別說輸了唔知點輸，就算贏了都唔知點贏！技術好似好咗，又不知好在哪兒？？？？？？

然後，**李靜式開竅總是來得猝不及防。**

1991 年年末青島集訓，又來到最後亦最大壓力的大循環賽。

熱身時，師兄林廣勝用了 10 分鐘，指導我如何殺板得分。

過往打球，總恃着自己移動速度快，無形中變得偏重甚至依賴步法，得分殺着甚麼的，是不存在的！

全憑那短短 10 分鐘，我忽然在比賽中突破瓶頸，得分技能成功解鎖，賽果 —— 冠軍！

成績好，當然不用被淘汰，順利繼續留在國家隊。

吁～又過一關！

---

**卡罅** kaa$^6$ la$^1$【旮旯，不順手、難打／接球的位置】

**撞手神** zong$^6$ sau$^2$ san$^4$【靠運氣】

**技能解鎖** gei$^6$ nang$^4$ gaai$^2$ so$^2$【電玩術語，意即獲得新一項技能】

"李靜式開竅
總是來得猝不及防。"

## 1991-92
# 肚痛悟太極

技能解鎖後，我在隊內開始站穩前五，鋒芒初露。

1991年第二屆城運會，男單十六強爆冷直落局數3：0贏孔令輝，最後勇奪亞軍。

說「爆冷」，因為孔令輝不止是隊內最頂尖高手，還是外界公認的未來奧運冠軍 —— 而且，我在賽前一晚的團體賽，還輸了給他？！！

沒想到男單我發揮超班，好似畀雷劈，狀態神勇到自己都驚！

隨之，1992年全錦賽，我再取下男單亞軍。

亮點了解一下，決賽對手是馬文革！馬哥是誰，是當年中國男乒最低谷時，為中國贏得世界大賽冠軍的傳奇人物！

而當年我嘅仔一個，根本唔係嗰個班次，心諗搏一鋪，點知一路殺入決賽！整個全錦我總共只輸四場，很多以前從未贏過的對手都贏了，真係冇諗過！

---

**城運會（城市運動會）**：後改名為全國青年運動會，旨在培育青年奧運選手，是內地最重要的青年比賽。

**全錦賽**：全國乒乓球錦標賽。

現在回心一想才察覺，當年發揮得好，竟可能緣於一段小插曲 —— 正式比賽前一個星期是邀請賽，我食錯嘢，肚痛到變軟腳蟹。

我球路一向屬剛猛型，病咗冇晒力，只能改用最慳力的方法去打，無論放球、接球或殺板都局住陰柔。

「輕」，一個當時不為意，日後卻受用無窮的奧義。

所以現在我常對球員說，**困難是最值錢的**，當戰無退路，最易激發潛能！

話時話，因肚痛而悟，都幾李靜。

---

**畀雷劈** bei² leoi⁴ pek³【被雷擊，小說常有武林高手經雷劫淬鍊後晉級情節】

**嚫仔** leng¹ zai²【少年】

**嗰個班次** go² go³ baan¹ ci³【那個級數】

**諗** lam² 或 nam²【想】

**搏一鋪** bok³ jat¹ pou¹【豁出去試一試】

**慳力** haan¹ lik⁶【省力】

**局住** guk⁶ zyu⁶【無奈地被迫】

我眼中的李靜是一個很有自信永不服輸的球員，這使他 17 歲那年能在全國錦標賽上作為年輕球員不畏一眾強手一舉奪得單打亞軍成為一大黑馬，他也是對事業無比執着的人，正是因為他的執着才能使他在近 30 歲時作為老將代表中國香港出戰奧運，拼下了一枚寶貴的男雙銀牌，他的精神值得我們大家學習！

李肇民

師弟・隊友
廣東省隊主任

# 1993
# 這個教練不正常

全錦賽和全運會，一直是內地乒乓球賽的終極 Boss。

全錦打得好，我順利打入全國單打前八名，按例直接升上了國家一隊 🐷。

隨之，我又有份出戰全運會。

作為廣東省代表隊，説沒有「要贏」的壓力是講大話。偏偏我們男團賽令在場人士包括我自己都驚呆了 —— 差到得人驚！簡直像不懂打乒乓似的！

我見到趙國成教練拿着水杯的手，震過貓王。

出奇地，教練沒大罵我們、沒叫我們早唞，而是在晚上帶我們去看足球賽（全運會項目之一），捧廣東隊，大家為同鄉大叫大嚷一下。

第二天，男雙十六進八。第一場便對上北京隊。

首局敗，第二局狀態回暖，落後反勝。

---

**全運會（全國運動會）**：有記者稱之為「乒乓球界奪冠最難」賽事，因國內球手熟知彼此，比在國際賽更難打。

最後第三局，更是如有神助，關鍵球我跑到瞓地打，拍檔林志剛師兄正激動得想用粗口鬧我亂打之際⋯⋯點知，我打到。師兄都 O 晒嘴。

幸不辱命，結果，男雙亞軍！

現在回想，教練明明自己承受着莫大壓力，輸波後卻帶我們去「散心」。戰況低迷時，引導球員轉換心情，手段不正常，卻又很 work。

也許，**做教練的都得有點不正常？！**哈。

理所當然，我們這班球員偶爾也不正常，例如大家鬥波，輸了的人要到跑步場「滾動」一圈⋯⋯ XD

---

**Boss** bɒs 或香港讀法「波士」bo¹ si²【電玩術語，指最後一關、難度最高】

**震過貓王** zan³ gwo³ maau¹ wong⁴【（因壓力大）抖得非常厲害】

**早唞** zou² tau²【早點休息，也有罵人之雙關意思】

**瞓地** fan³ dei²【臥地，倒在地上】

**點知** dim² zi¹【誰料】

**O 嘴** əʊ zeoi²【驚愕的模樣】

# 1993-94

# 老趙，這不是李靜？

全運男雙亞軍的喜悅還未消化，沒想到回來第二
天，我就締造了歷史 —— 成為國家隊空前絕後唯一
直板轉橫板的選手。

教練的意思是，我防守力弱，不如試試新思維重新
出發。

由直板轉橫板是個怎樣的概念？差不多像⋯⋯轉用
腳打字吧？！

我第一反應是，我剛做到一點成績，狀態每半年大
幅提升一次，勢頭直衝國際賽，忽然由零 —— 不，
由 0.1 開始？點會唔錯愕？

我由這 0.1 開始，**經歷了最痛苦的一年**。

須知道，由幾歲起就打直拍，練出來的球感、條件
反射、心態、思維，甚至全身肌肉和手上磨出來的
繭，都是一套系統。

忽然「下載」另一套系統，還要在頂尖高手堆中上陣
殺敵，結果，我的成績一落千丈，連二隊小師弟都
贏不了，一整年沒拿獎。

由以前「獨孤求敗」到場場敗走，自己失落是必然，
但不好受的，還有我教練！

有次青年賽，我直落場場輸，另一位教練走過來，
對着我教練淡淡然來一句：「老趙，這不是李靜？」

譯：風水輪流轉，你都有今日！

那語氣之輕蔑，教練那一臉無奈，至今仍深印我
腦海。

也少不了每一場比賽，對手那散發着「X，你條友咁
屎波」氣息的眼神！

於是一位當年 18 歲的小朋友，就頹了半年，不想見
人，又學人借酒消愁，練波後買一包花生，偷偷隊
一罐啤酒，拍劇都冇咁老土（笑）。

---

**點會** dim² wui⁵【怎麼會】

**你條友** nei⁵ tiu⁴ jau²【你這人】

**咁屎波** gam³ si² bo¹【球技這麼差】

**隊（啤酒）** deoi²【喝，有「灌」的意思】

## 1994

# 轉直

轉橫板的一年，痛苦歸痛苦，我還是很下苦功的，每天練 6、7 小時，努力掌握技術。

感激的是，在我信任教練指示的同時，教練也包容我的表現和情緒，給我充分的調節時間和空間。

用橫拍的師兄，即使他們已是世界級高手了，但仍不時指點我，還無私分享他們的實戰秘訣，以及容易得分的撚手嘢，沒放棄我這個弱者。

努力半年，打得倒還似模似樣。

1994 年到英國打巡迴邀請賽，歐洲多橫板球員，我也邊打邊偷師，學人家反手拉球。

問題是，半途出家的我，儼如東一忽西一忽拼湊零件成一塊，怎與同一套技巧練習十多年的高手相比？

平日練習時還好，一上陣比賽，我真的手都震！技術上得不了分，心態上經常輸 deuce。

這現實對我的打擊尤其大，我是比賽型球員，拿不到成績就甚麼都不用説了！

3 月到河北正定集訓，我終於的起心肝跟教練説：

「**我想改回直板。**」

不是我練不下去，而是，第一比賽能力差，第二意志品質差，難受時容易放棄。

教練表示理解，最後同意讓我練回直板。

回顧轉橫板那短短一年，除了磨練了自己的意志、感受到了信任的可貴，其實我也因親身練過橫板打法而受益，日後更懂得在比賽中克制橫板對手。

一時挫折算甚麼？**路一直在，你肯邁步路就在！**

---

**撳手嘢** nan² sau² je⁵【必殺技，殺手鐧】

**東一忽西一忽** dung¹ jat¹ fat¹ sai¹ jat¹ fat¹【零零碎碎，東拼西湊】

**的起心肝** dik¹ hei² sam¹ gon¹【鼓起勇氣，決心去做某事】

靜哥，作為一起從珠海斗門出來的師兄弟，他對乒乓球絕對的敬業，更是敬業中的戰鬥機，任何時候，任何情況，都激情滿滿，很自然中就感染了作為師兄的我，讓我從中學習了很多，獲益良多！靜哥威武！

黃海城

國家隊師兄

## 1994-97
# 靜爆發

我還很記得，教練讓我轉回直板當晚，我很高興地
對同房師兄丁松説：成績應該會慢慢拿回來吧！

誰知，嗯，當年我還是太年輕了。

轉打橫板一年，我鍛煉的抽擊肌肉和運動神經都變
了，改回自己最要家的直板，竟有「隻手唔屬於自
己」的感覺！

手掌拿板的繭也不見了，一轉回直板就起血泡，還
是泡中泡。

那刻一整個我都震驚了，沒想到自己的水平不如想
像那樣，練練就回復如初。

就好比，以為兜兜轉轉終於轉入直路，卻發現前方
不見盡頭。

再一次的失落與迷惘，這一次，我沒有太逼迫自
己；慢慢重拾打球的靈感，沒靈感就休息一下。

**車沒找對方向，就不要踩油，否則只
會愈走愈錯。**

操練了一個多月，1995 年全錦賽，男子團體八進四
廣東對江蘇，到第四場打成平手。

第五場壓軸，教練讓我上陣。

我這人有點特別，通常比賽型球員都是單打比團體
好，我卻相反是打團體比單打好。也許是責任感使
然，不想拖累師兄弟，激發起我的鬥心去到盡。

在如此重要的全錦賽，我這種未知狀態下被教練委
以重任、放我在最後一場，這份信任得來不易，我
也回報以「搏盡」二字，打球靈感爆發！

就這樣，幸不辱命，我為省隊贏下這場硬仗，奪得男
團季軍；我和高禮澤男雙亞軍、夥拍王楠混雙季軍。

然後我又開始攞獎了，接着 1996 年全錦賽男團冠
軍、男單亞軍，1997 年全運會男團冠軍。

**最耍家** zeoi³ saa² gaa¹【最在行、最擅長】

❶： 1990 年獲選入國家青年隊（即國家二隊），15 歲已準備
　　離鄉別井，在北京長期生活，一臉懵懂留影。

❷： 1995 年，經歷過「橫板實驗」挫折後，人更成熟，妥妥
　　的 20 歲倨傲帥哥一枚 (ㅍ ﹏ ㅍ)◇

❸： 1995 年 8 月 17 日，在日本交流作賽時攝。

❹： 1997 年全運會，（左起）劉國正、我、林志剛、李肇民和
　　馬琳組成至強陣容，代表廣東省勇奪久違了多年的男團冠
　　軍！٩(●ᴗ●)۶

# 第三章　退隊

## 1997-2000

食物中毒摧毀健康和事業，但憑意志對抗命運，迎難而上！

1997 ●── 於美國食物中毒，命懸一線，
迎來事業和人生「驚變」
退出國家隊，回省隊治療休養

1997-2000 ●── 知識改變命運，攻讀學士學位

1998 ●── 一年沒出賽，積極復康及讀書

1999/年初 ●── 重新拿板，參加比賽

1999/10 月 ●── 全錦賽男單第三，
雖然入選但選擇不進國家隊

2000 ●── 以體育專才身份移居香港

# 1997
# 中毒

我從沒想過，22 歲便遇上一個勁敵 —— **死神**。

轉回直板、於 1997 年全運會奪男團金牌後，我以為，又可以繼續在乒乓路上衝刺。

但命運另有安排。

時為 1997 年年末冬天，隨國家隊到美國打邀請賽，逗留一星期，在芝加哥宣傳乒乓球運動，然後到底特律打邀請賽。

當年鄉下仔出城，隨隊當然也順便觀觀光、見識下世面。晚上到一家很多 NBA 明星去的牛排餐廳。

餐廳的招牌菜是牛排和生牛肉，我們當然都點了。

飯後還到了附近的唐人街散步，誰知一回房間，就開始上吐下瀉，要送去醫院。

醫院安排我吊鹽水，那包鹽水剛從冰庫拿出來，冰凍的！我向護士要求室溫的，護士不理睬我。

鹽水吊了兩小時，我就在醫院走廊瑟瑟發抖兩小時。

回程在車上仍在抖，到房間，身上蓋了七張被子，喝熱水都沒有用，還是冷還是肚瀉。

我一向身體好，冬天也只穿一件普通運動褸，感覺那次真的是被鹽水冷壞了內臟。儘管如此，我還是照計劃到底特律比賽，一吃飯便嘔，邊瀉邊飲葡萄糖水，比賽時眼冒金星，照樣頂硬上。

回程返北京，下機時連手提行李都不夠力拿。回家開門，手上拿着鑰匙，對不準匙孔。

我不以為然。週日到球室練習，手中的球拍飛出去，差點擊中隊友，以為是手滑；再來，還是失手甩出球拍。

我的手，沒了握力！

那一刻我知道真的不對勁了，立即打電話給隊醫，

**入院！**

---

**鄉下仔** hœng¹ haa² zai² 【土包子】
**頂硬上** ding² ngaang⁶ sœng⁵ 【強撐下去】

1997
# 退隊，發瘋

送院後，我樂觀地接受一連串檢驗和治療。

例如測試呼吸肌肉張力，十多厘米的試針刺進肋骨，又抽脊骨髓，痛得床單也被汗濕透。

我一入院便嘗試慢慢走樓梯，平日心跳才 60 多，那時心跳 190+。

最初診斷說是「重症肌無力」，無藥可醫，保守治療，每天吃維他命、下午全身針灸，做電療刺激末端神經。

一個多月後，病情沒改善，轉院。

醫院有升降機直達太平間，病症愈嚴重，病房就愈近那升降機；我的病房正是最近升降機的那一間。

我下午入院，翌日早上同房的另外兩個病人就不在了。

那一刻，我終於識驚，**自己真的可能會死。**

第二天，我叫住看護。不是要幫忙或問病情。是叫看護陪我到醫院對面去電髮。

趁有命，瘋一下。

**就，電了個爆炸頭。**

看護們都知道我是乒乓球員，見我咁後生，覺得我很可憐。

這一次，診斷為「遠端神經末梢炎」。

住院十五、六天，病房愈搬愈遠離升降機，我的希望又點燃起來，每天追問主治醫生。

「能否繼續打球？」

「……有點難。」

我見自己情況正逐步改善，心裏還是不相信。

但直至出院回家，還是全身無力。

**再不情願，也要接受現實。**

我向蔡振華教練申請退出國家隊，回省治療，即時批准。

---

**後生** hau⁶ saang¹【年輕人】

## 1997-98
# 阿伯散步

我回到省隊住處的廣州二沙島，全部訓練停止。

22 歲，全國比賽都拿過成績的運動員，全職休養。

説內心沒崩潰過是講大話，但更多的是迷惘。

自小身邊圈子只有教練和球員、人生目標一直只有乒乓的我，此時肌肉無力，別説手指握不住球拍，足上的拖鞋也走兩步便甩掉。

## 不打乒乓，李靜還可以做甚麼？

除了知道自己有可能會死之後去電髮，這個叫李靜的爆炸頭小子還夠膽違反醫生告誡，試着去吃吃牛肉。

誰知，吃第一口，淋巴就痛。

好吧，我又‧再不服氣也‧再一次‧接受現實。

## 不過，**接受現實，不等於向現實低頭！**

康復是第一重要。

神經受損了，修復急不來，雖感覺一直在好轉，但真的很～慢，大約每幾個月，才感覺有一個明顯進步。

我就「靜」下來，每個動作都慢吞吞，**但求做到精準。**

腿再無力也冒着隨時滾下去的危險，每天爬兩趟樓
梯，起碼保持肌肉運動量和心肺功能。

手，也努力練捏力。一捏得住球拍，立即去打滴滴
仔。再好一點，就開始到田徑場「跑步」——用上這
「」，因為我真有努力在「跑」了，但實際速度只屬
……阿伯散步。

當時唯一的意料之喜是，多虧二沙島的康復醫療中
心設備齊全，我的舊患順便治好了七七八八，精神
也好了很多。

不過，雖然心存希冀，也很幸運教練讓我留在省
隊，但別說比賽了，我根本連當陪練也沒資格，對
球隊已無價值。

我決定，報讀廣州暨南大學對外經濟貿易學士學位。

---

**滴滴仔** dik⁶ dik⁶ zai² 【乒乓球最初階玩法，不准抽擊】
**阿伯** aa³ baak³ 【老翁】

1997
# 知識改變命運

「你文化低，看待問題太簡單，去讀讀書總是好的。」
到暨大修讀學士，當時固然是為鋪後路，但正巧也
是我需要做、也應該做的。

肌肉無力，醫治數月無甚起色，我面臨退役危機，
腦袋卻一片空白。

自小打球賺錢，我恃着自己成績好，目中無人，個
性囂張；如今一遇上運動員最致命的難題，立馬變
木雞。

迷惘中，我一如以往，向自己信任的趙國成教練虛
心求教。

教練開解我，打球方面順其自然吧，先康復好了再
算。平日訓練遷就一下我狀況，但我必須每天出席。
至於人生，他指出我知識薄弱、零社會經驗，思想
不成熟也就分析力差，將世事想得太簡單，不如趁
此機會增進學識。

很記得他提醒我：無論是讀書或另謀出路，不打球

了，就要接受一切都得**由低做起**，務必戒驕戒躁，虛心學習。

聽了教練的分析，那一刻不是開心，而是終於鬆了一口氣。

前景未卜，無論走哪條路都不像從前那樣勝券在握，怎會「開心」？但起碼，路是存在的，**再苦的路也是路**，由低做起又有何難！

多年來訓練為主、學習為副，但選擇讀書，且一讀就是大學課程，對我而言，沒有太大壓力。

順利取得文憑，投身社會時多一塊敲門磚，是一回事；更重要的是藉此增進個人知識和文化修養，從不同的角度認識自己，學習與人共處。

運動員事業壽命短暫，退役後日子還很漫長，「學習」不止為安身立命，更為讓自己變得更有質素；有質素的人愈多，社會才會更穩定繁榮！

## 1998
# 而他不知道李靜是誰

我憑往績以體育專才資格入讀暨大，慶幸那時適逢國家教育改革，鼓勵年輕運動員讀書深造。

當然，修學分、考試以至學費，仍得靠自己努力。

我每天大清早 5 時起床，趕 5 時半的巴士，晃一個多小時的車，回到學校吃早餐後上課。

這就是**運動員的特性，自律！**

至於我為何報讀對外經濟貿易，是恰巧球隊中有師妹就讀，我了解過這一科概念和理論較多，比較適合自己。

入學前面試，見系主任，他問了我的具體成績、對社會的認知、學習興趣等等 —— 但大部分談的，還是乒乓，畢竟大學也有校際比賽嘛！「攞唔攞到成績？」「可以！」

其實當時我還未完全康復，但，**我就是相信我可以！**

事實上由斷症起，我足足一年沒打球；要到入學大半年後，有個校內系際比賽，我才再踏賽場。

最好笑有位別系的學兄，又是學霸又打得一手好籃球又是系內乒乓冠軍等等，對上我，我贏他 10：0。賽後他竟然去大學通告板貼了一張告示，說自己只是一時狀態不佳，下次才是真較量云云。

這不，「佳話」立即就在同學間火燒似傳開去，大家笑到肚子痙攣；然後，想必是有人告訴了他李靜是誰吧，學霸第二天就自己取走了告示。

真是傻孩子（搖頭）。

也少不了「友誼賽」，例如有七位朋友打算挑戰我，輸家請大家吃飯。

他們在宿舍房內商量了一晚，由球技最好那人出戰；他用正常乒乓球拍，我用電腦磁碟……

結果？當然是我贏 😌。

他只用一個半巴掌大的塑膠盒，就可以將我們一群自認為乒乓球水平不算太差的同學打得落花流水，這一下午的歡笑聲至今歷歷在目。當我出來工作很多年後，深深感受到李靜在任何時候都保持這種樂觀向上的心！

周棟照

暨南大學同學

2001年暨南大學貿易經濟學士畢業，李靜跟好友周棟照（前左）留影。

# 1999
# 總有少年來

「現在你是球員，專心比賽！」

熬過漫長的康復期，1999 年年初我終於再執球拍，
「復出賽」是代表暨大，參加全省大學生乒乓比賽。
那時有不少職業球員在大學讀書，例如高禮澤當時
就在廣州體育學院；所以這大學校際比賽也分 AB 兩
組，A 組供專業運動員學生參加，B 組是普通學生。
那次比賽，我拿下單打冠軍，阿澤亞軍。 :)
同年，教練派我出戰全國錦標賽。
賽期碰上考試日子，老師讓我缺席，之後補考。
我是帶着書去打比賽的。第一場比賽的前一晚，還
熬夜溫書。
結果首戰表現一塌糊塗，整個人軟手軟腳似虛脱，
隊醫檢驗後說，我熬夜了肝醣不足。
教練生氣到撕爛我的筆記，嚴厲地臭罵我一頓：比
賽就得專注，**唔可以乜都想要！**

我如遭當頭棒喝，一年多沒鬥波，一來就是最大型、水平最高的全錦賽，還敢分心去溫書，是人愈讀書愈蠢了還是欠揍不成？！

我立即收拾心神，將自己調節到作戰狀態，第二場起，每場都啪兩支葡萄糖針，燃了！

如此一鼓作氣，直戰至半決賽，拿下男單季軍。

嗯，就，嚇了其他教練一大跳。

一如慣例，全國單打前八名自動入選國家隊，但這一次，我推辭了。

一來身體很誠實，我心裏明白，自己身體的狀況，已負荷不了國家隊高強度的訓練模式。

二來，也是更重要的，一項運動要提高水平，不能只靠國字號老面孔，新舊交替是恆常，機會就留給更 fit 更年輕的一代吧！

競技體育就是如此呀——**總有少年來**。

在大學，學習與訓練兩不誤；

在運動隊和大賽中，

刻苦鑽研，技高膽大；

當教練，亦師亦友，足智多謀。

是一位愛國愛港、德才兼備、成績

突出的成功者。

翁作敏

暨南大學 EMBA 管理學院副書記

## 1997-99
# 工夫茶

讀書期間，我是第一次在社會摸爬滾打。

時值經濟起飛年代，廣東省富起來，不少大企業都會舉辦公司或業界運動比賽、大獎賽，既推廣健康，又能宣傳品牌形象。

乒乓作為中國「國球」，就算是小社區院落也會有一張乒乓球桌，很多企業家總裁老闆們都自小打球，搞比賽首選乒乓，還會慷慨出錢邀請職業球員代表公司作賽。

已退出國家隊的我，身份和時間比較自由，剛好擁抱到這機遇，半工讀，邊上學邊賺取獎金和出場費。

也因此，我認識了很多愛打球的老闆們、商政界人物和精英人才，聽他們聊公司人事變動、行業競爭和生意經，甚至只是聽聽總裁秘書如何向老闆匯報，都能學到禮節和人情世故，大開眼界！

在此，我想特別感謝李南生，他是我在社會大學的領路人，由飲茶之道到人生哲理，從他身上我學到

很多道理和處事方法，對我啟發深遠，思維由此慢慢改變、成長。沒有他的教導，就沒有今天的李靜。

外界一般覺得運動員「肌肉發達、頭腦簡單」，實屬偏見。運動員只是生活模式簡單、心性單純；平日待人接物直來直往，不會耍手段、搞那些彎彎繞繞的，絕不等同「冇腦」。

運動員最大共通優點，是冷靜專注、自學能力高；如能好好培育，無論放到哪一個單位、界別、行業，都是難得的人才。

處事何謂得體，怎樣設身處地考慮別人感受，如何巧妙又有效地處理問題，幾時轉彎幾時衝刺……由喝茶聽出來的道理，我盡情汲收，獲益匪淺，日後受用無窮。

茶如人生，一樣的水、火、茶葉，**下沒下過工夫，凝沒凝出氣韻，得看個人造化。**

## 1999-2000
# 橄欖枝

1999 年全錦賽後，我選擇不回國家隊，繼續開心地
過我的校園生活。

身體狀況固然是考慮主因。5、6 歲至今練就一身武
藝，但神經受損後的復原，路漫漫其修遠兮。而，
中國是乒乓大國，人才輩出，日後只會有越來越多
比我更年輕、更有體力的師弟們上場。

那不如，到國際舞台闖闖吧！

這時，我的運氣來了。香港乒乓總會會長余潤興，
邀請我和高禮澤以體育專才身份到香港。

在乒乓球圈子，大家都互相認識；我一向很敬佩余
會長培育人才之心，余會長亦欣賞我打球的執着以
及有始有終，加上自己正欲求變，大家一拍即合。

談過待遇，我就決定到香港體育學院（體院）擔任
球員。

有了新目標後，是心理暗示又好、追逐夢想的動力又好，「**到香港**」**這三個字，令我每天都充滿無窮能量！**

整個人蠢蠢欲動手癢癢，好想打球，好想快點迎戰外國對手！

人事調動和移居申請手續很多，等候各相關部門審批期間，心情難免七上八下，又心急又驚「萬一」。

記得那時正好到梅州打比賽，我和阿澤還到了當地某名廟求籤，問問會否順利成行。

籤文大致說艱難坎坷（？！），但會成事，有好結果。

這是我人生第一次求籤，可見當時我是多麼忐忑！

大半年後，各部門領導一致認同我適合到香港再創高峰，再經當時中國乒協主席蔡振華和省公安廳領導簽名。

香港，我來了！

① : 1997 年食物中毒引致肌肉神經受損，無奈退隊休養，我決定善用時間增進知識和修養，入讀暨南大學。今天回看，與其說是讀書，不如說是學做人。

② : 「中毒」一年多後的 1999 年 3 月 7 日，與師兄弟李肇民（左）和楊鋒（右）到台灣比賽，順便過生日。

③ : 1999 年省港澳友誼賽。1997 年中毒，醫生指完全康復大約要 8 年，但我 1999 年已經「復出」，10 月全錦賽還一舉拿下男單季軍。

# 靜哥
## 心目中最強的
# 5 位球星

兒時偶像、體育界楷模，好細個就知道嘅傳奇人物，應該係 5 歲嗰陣睇廣東隊表演時知道嘅？佢強烈嘅求勝欲，真係講得出做得到，為國乒開創歷史，加埋係珠海同鄉，喺我心深處種下一顆種子，令我有一個夢想雛形，以世界冠軍為目標向前衝！

### 容國團
**中國第一位乒乓球世界冠軍**

### 江嘉良
**一位高心理質素的乒乓球世界冠軍**

入咗廣東省隊，師兄江嘉良成為我偶像兼追逐目標。佢強在思維好超班，憑個腦加一兩個殺板絕招就連續攞兩屆世界冠軍（1985 和 1987 世錦賽男單冠軍），係後輩嘅學習榜樣！

## 金澤洙
打球韌性十足

一位好扎實嘅運動員,我以前打正膠,轉反膠後要學下世界高手,覺得佢嘅打法適合自己,值得學習。步法快又有實力,打法好頑強。每一場比賽都唔隨便打,正係職業球員要具備嘅基本素質。

## 朗拿度
懂足球的都認可!

唔使講,除咗龍門佢前鋒中場後衛邊個位都得,天才球員,有技術有速度有體能有爆炸力,係值得尊敬嘅標桿人物!

## 中國女排全隊
拼搏精神
令人感動

團隊精神毋庸置疑,無論落後定領先都一樣拼,中國聞名、全球認可,亦好激勵到我!我呢一生人都係擅打團隊賽,同拍檔一齊嗰陣,發揮、表現得最好。同時也證明佢哋團隊管理方法超班,而家自己做教練都會邊學邊用。

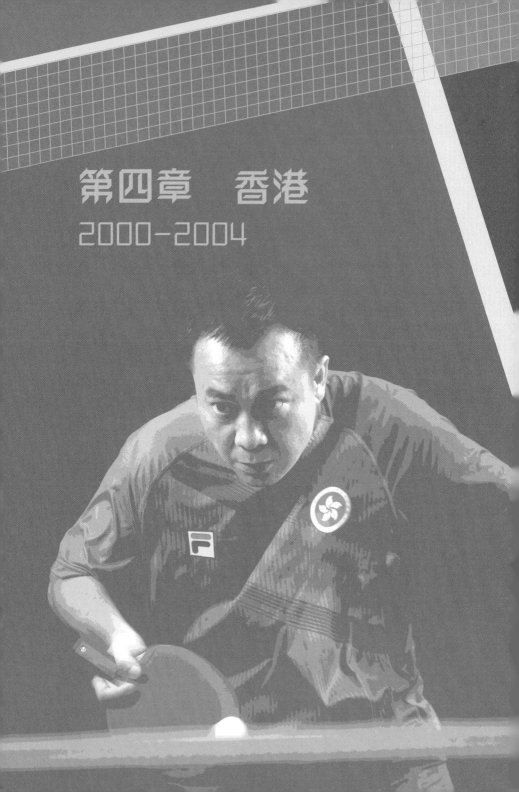

第四章　香港
2000-2004

破而後立，毅然來港，「乒乓孖寶」成就奧運銀牌歷史一刻。

2000 ●—— 加入香港隊，於體院擔任球員，
          訓練約半年後開始出賽

2001 ●—— 國際乒聯公開賽奧地利站男雙季軍

          第十五屆金球拍國際乒乓巡迴賽男單、
          男雙及男團冠軍

2002 ●—— 公開賽兩站（埃及站、意大利站）男雙冠軍、
          韓國站男雙亞軍、兩站（奧地利站、卡塔爾站）
          男雙季軍

          第十四屆亞運會男團季軍

2003 ●—— 公開賽三站（克羅地亞站、巴西站、德國站）
          男雙冠軍、韓國站男雙亞軍、日本站男雙季軍

          第十六屆亞錦賽男雙冠軍、男團季軍

2004 ●—— 公開賽兩站（韓國站、新加坡站）男雙亞軍

          第十八屆金球拍國際乒乓巡迴賽男單及
          男團冠軍、男雙亞軍、混雙季軍

2004/夏 ●—— 取得入圍資格，代表香港出戰雅典奧運

# 2000
# 香港，香港

在深圳羅湖過關辦證後，我和阿澤就到了香港。

對香港第一印象係，香港人行路好快！香港這繁榮國際大都市，生活看似輕鬆寫意，其實人多自然競爭大，人人都承受着潛在競爭的壓力而不自覺，較勁都表現在這步速上。

我打球步法速度是全球頂級的快，但平時行路就滋油淡定，到今天仍會被 diss 行得慢。

生活我不能太快，太快會影響我思維，會躁。

我們第一個落腳點，香港體育學院（簡稱「體院」）。

體院在 1991 年易名（原名「銀禧體育中心」），但當年大家仍未改口，習慣叫它「銀禧」。

當年銀禧宿舍設施很「實在」，我們二人一房，就一張碌架床；一張凳，誰坐了，另一人就要待在床上。

球員月薪數千塊，比起內地月薪再加打企業獎金賽，的確少了好一大截。相比廿多年後的今天，政府為專業運動員提供的配套和福利**明顯好了很多很多，令我很欣慰**，這是後話。

當年香港隊條件的確就是如此，何況**我們甚麼苦沒捱過？**

收入驟減，又未有獎牌獎金，反正體院包食包住，咪使少啲，唔好咁豪囉。

換個城市，生活 restart，也沒有太大不適應。

惟到埗一星期後水土不服，上吐下瀉，到威爾斯急症室等了三四個鐘，凌晨五六點才回到體院。

還有就是，我們球館與劍擊隊共用場地，他們劍擊服厚，開勁大冷氣，好鬼凍，凍到我同阿澤吖！ XD

---

**滋油淡定** zi¹ jau⁴ daam⁶ ding⁶【慢悠悠】
**Diss** dɪs【嗆，懟】
**凳** dang³【椅子】
**咪使少啲** mai⁶ sai² siu² di¹【那就少花錢】
**豪** hou⁴【揮霍】
**到埗** dou³ bou⁶【抵步，到達一個地方】

# 2000
# 外援

訪問，被問到：從國家隊到港隊，心態上有不適應嗎？會覺得「降格」、委屈嗎？

啊？**不被問起，我還真沒想過這種問題。**

人生是不斷取捨。以我當年的事業階段與身體狀況，與其做洪流中的人後，何不到另一個舞台，鎂光燈下，傲立人前。

有人欣賞，咪耍多兩招囉！能被賞識、獲邀到香港，我反而覺得是榮幸。**機遇來到，不好好把握，傻嗎？！**

當然，機會把握了之後，還得給出足夠的努力，最後我才成就了自己的夢想。

那：來港初期，有聲音形容我們「外援」云云，介意嗎？

先別說我本人感想，其實很多本地球員，也不認同坊間對「外援」的偏見。

大家一同拼搏，令「香港」在國際體壇上獲得認同，再由優秀球員帶領新人，代代傳承，這樣才能促使制度不斷變革、完善，造福整個體育產業。

問出這類問題的傳媒朋友，我們心裏都是明白的，就，回去寫稿時多一個話題性標題好交差唄。

運動員與傳媒「工作」距離很近，我們在場上拼勁廝殺，他們在旁透過鏡頭全程盯着。有誰比親眼見證、切身感受的他們，更了解**英雄不問出處**？

至於「旁人」怎樣稱呼，嘿我本人是根本沒在意啦。

李靜一向拿成績來說話，問心無愧；寸啲講，要不是我成績驕人，才沒人會留意我姓甚名誰家鄉何地！

世事一向如此 —— 有「結果」，世人才會有興趣去了解「過程」。未贏之前，誰管你來自哪個江湖？

**站在金字塔尖，眾人自然仰望。**

---

**耍多兩招** saa² do¹ lœng⁵ ziu¹【一展身手】

**寸** cyun³【囂張】

# 2001
# OS

## 「怎麼這李靜表現跟我印象中，距離咁大？」

加入港隊後，最初未有比賽，每天就只練球，09開波19收波，日復一日，非常規律，也非常枯燥乏味。

我和阿澤自動自覺練波，教練王文華根本不用操心，平常見面就是聊聊天；此外常見的人就幾位師弟。

唯一消遣是週末返廣州，見見女朋友、和省隊教練隊友吃個飯，即使倉促來回也美滋滋。

約半年後終於出賽，第一場到英國打世界巡迴賽，我心情本來很興奮，表現卻不大理想。接下來，也一直發揮得不好，成績差，排名下降。

尤其沒有對比就沒有傷害，阿澤發揮得不錯，他的防守技術配合左手線路的優勢，成績和名次比我好，也在大家心中穩固了球員形象。

教練沒說甚麼，唔使講，大家都 feel 到大家的內心OS……

自己的身體和能力自己知，我能力不止於此，苦在神經還未康復 —— 但教練不會知道。

這局面，連我自己都始料不及，十分難受。

是的。又來了，個天鍾意畀我開心一陣，然後就整蠱我。

然而，李靜最擅長甚麼？就是從低谷中翻生！

## 抓住問題的根本，自會找到相應的辦法。

客觀分析，找出問題癥結，逐一擊破。

身體上，食物中毒後神經受損，雖然 keep 到心態正面，但肌肉反應靈敏度真的慢了，唯有先集中鍛煉

體能，打好基礎，才有實力伺機突破。

技術上，我是進攻型球員，但防守漏洞得對治。加上養病的兩三年沒打國際賽，打法少了灌注新元素，是時候 update 一下。

**輸係難過，過到咪英雄囉！**

OS əʊ es【Overlapping Sound，內心獨白，暗忖】

整蠱 zing² gu²【作弄】

## 2001
# On 膠

成績未如理想，我就立即認真對症下藥升呢。

神經修復急不來，那就加長鍛煉時間、舉重加磅，練氣練力。

加練短球控制，加強正手進攻力量和持久力，拉闊進攻範圍。

另外是針對性拉胯，進攻型球員跑動多，拉胯不但擴大跑動範圍，還有助走位更快更穩。

還有，我同教練陳江華嘈，話要改膠，由日本膠改中國膠。

膠為甚麼重要？球拍是我武器，**這武器的殺傷力 rely on 膠！**

日本反膠表面澀、出球速度快、彈性強，適合中遠台進攻；但因打出來的球線路易猜中，故要靠氣力取勝，對我的年紀、體型而言不利。加之近台難控制，回防頻撲，會消耗較多體力。

中國反膠表面黏、擊球旋轉力強，球打出來的角度
刁鑽啲，能充分發揮我快攻結合弧圈打法的長處；
近台易控制，也就較有利我防守。

我同教練講，改完膠一定攞到獎牌！教練唔信，話
點會。

嗯，好啦，當時我的狀態和技術的確未夠好，欠了
點說服力。但**專業與專業的對話，總是會
有驚喜！**

我們的爭執是以事論事，針對問題討論過後，教練
信任我的想法及分析，同意讓我改膠。

這裏，我得感謝陳江華，他的指導思維和執教風格
開明、理性、客觀，球員能感受到被尊重，也能暢
所欲言，在專業層面上交流。

結果？結果，我真的一改膠便開始了**李靜式逆
襲**！

競技體育招招見血、局局攞命，**每個細節都必須執着追逐至完美方休！**

升呢 sing¹ ne¹【升 level，即升級／提升水平，原為電玩用語】

嘈 cou⁴【爭論】

攞命 lo² meng⁶【要命】

# 2002

# 浮躁

我一向享負「躁底」盛名,除了練技術,還找了運動心理專家奴剛彥博士做心理訓練。

為甚麼?因為脾氣火爆,其他人還可美其名曰「個性」,但對頂尖球手來說,是致命弱點!

比賽像做生意,必須錙銖必較 —— 每一分都斤斤計較,機關算盡!若容易發火,不能保持心態和狀態穩定,那就是明晃晃的失分漏洞。

奴博士指出,我是技術和專注度的完美主義者,所以一做唔到就忟 —— 練波忟,比賽打不好忟,跟教練討論時忟……急來急去,易發火,也易責怪自己。啊對,學術點叫「低挫折容忍度」。

年輕時不懂,人不會完美,比賽或戰術策略,再叻也不會次次贏次次對,所以無論做人做事,都應放開眼界心胸;即使遇上相反意見或困難,**直面它好了,煩躁沒必要。**

再提升一個層次看，**改善自己缺點、增進做人修為的空間永遠都在；不去正視面對，是放縱自己、任性！**

姒博士要求我試着放慢一點、耐性一點，例如跟教練交流戰術時多聽、多思考，將別人意見可取之處套入訓練之中——比賽時多幾套備用的思維策略，豈不美哉？

一想發火，就用深呼吸緩和情緒，保持冷靜、專注。果然，增強內心認知、擴大了心態上的格局後，我的整體發揮好了很多；以至日後遇上難應付的對手，我都能迅速冷靜下來，腦內即時分析對方的狀態、戰術、打法，造就了不少反敗為勝的經典場面。就說嘛，李靜是該靜一點！

彸 mang² 【煩躁，不爽，正字為艴艴的「艴」】

## 2003-2004
# 李教授

一改膠，我單打成績立即上揚，雙打更大殺三方。

首場難忘勝仗是 2001 日本大阪世錦賽，贏了被稱為國家隊剋星的瑞典傳奇搭檔瓦爾德內爾／佩爾森，晉身男雙八強。

然後愈打愈順，國際乒聯巡迴賽，2002 年第二站（埃及）就贏到男雙冠軍，直至 2004 年，共贏了 6 站冠軍、5 站亞軍。

還有 2003 亞錦賽男雙金牌，別國不説，那可是國家隊人才輩出，王勵勤、馬龍、劉國正、王皓、郝帥等名將當打之年！

贏牌後，在旁觀戰的國家隊隊友秦志戩站起身來戲稱我「李教授」，打趣我「套路深」！

連我自己都有諗過，武器改少少就有此效果。

教練陳江華心情大好，佢話唔理單打雙打，總之攞冠軍就送手機──當年手機還很矜貴，真係好勵志㗎哈哈哈。

那段日子肆意快活，既有獎牌，也有教練帶着我們以及另一對男雙梁柱恩 / 張鈺，邊比賽邊到當地好地方吃吃喝喝，談天説地。

長驅直進至 2004 北京奧運外圍賽，卻一來就是奪命對決，因為 —— 我單打第一場便輸了（ ๑ ﺩ ๑）。

復活賽 7 個小組的第二名打大循環，爭最後一個入圍名額。

當時年青力壯的張鈺 / 梁柱恩才是評述員和傳媒眼中的爭獎焦點，我和阿澤既然橫掃了那麼多男雙金牌，與其單雙兩頭忙，不如集中火力在男雙上 ——

**但，入了單打，我才能打雙打！！！**

所以，男單我一定要贏，**以前我輸過，現在不能！**

就這樣，在全無退路的高壓下，乒乓球員生涯中不算年輕已屆 29 歲的我，再次李靜式絕處逢生，抽贏其他第二名，成為男單第八名選手，步入奧運殿堂。

---

**贏牌** jeng⁴ paai² 【贏得獎牌】

**攞冠軍** lo² gun³ gwan¹ 【拿冠軍】

李靜先生是我非常好的朋友也是曾經非常好的隊友，李靜先生不論是在運動員時期還是在做教練員階段都取得了非常優異的成績；這本自傳也講述了他一直以來從事乒乓球專業中的酸甜苦辣，還有很多寶貴的經驗，相信大家能從不同的角度去理解和受到啟發。

劉國正
前國家隊男乒主教練

## 2004
# 雙向奔赴

2004 雅典奧運是我第一次參加奧運，興奮緊張自不必解釋；但同時心情也非常複雜。

一來預見對手會是國家隊的師兄弟兼好朋友和前隊友（幸好上天安排了我們決賽才對上），二來，我加入港隊 4 年，就有幸代表香港出戰奧運。

### 是**奧運，我作為球員的終極夢想！**

「奧運」二字，背後為之付出的血汗淚、於運動員本身的意義何其多、何其沉重？任何一位世界級選手都會有壓力，我當然也不例外。我愈想贏，就愈怕自己想起輸贏，又有少少怯，少少不想面對，精神起伏波動好洶湧。

不過很快我就調節好心態，打波不是贏便是輸，擔心不來！做好自己嗰 part 先算，何必多想？

我們港隊常回去跟國家隊練波，今次備戰奧運更不例外，因為毫無懸念，國家隊平台高、圈子好，科學分析和戰略研究也比港隊強。

在國家隊，光是望望四周，那股恍如置身戰場的熱血和肅殺都能激勵到你！

為甚麼國家隊那麼強？因為國家隊人人視事業如命，受得住嚴厲非常的操練；而非得有這份認真和不惜一切，才會生出競技狀態和壓陣氣勢來！

難道你以為，單靠好的教練和資源，然後自己 for fun 玩玩下，不付出不盡力，也能取得佳績，輕輕鬆鬆贏獎牌？

**付出與得着是一場雙向奔赴，唯有夠用心、捱得住寂寞，成功才會奔向你。**

---

嗰 part go² pɑːt【那部分，分內事】

For fun fər fʌn【純為興趣，指態度隨意】

玩玩下 waan² waan² haa⁵【鬧着玩而已，不重視，不投入】

# 2004
# 孤勇者

現在問我，奧運，最深刻的是甚麼？

那視死如歸的狂熱忘我，那邊戰邊進化的享受。

**我特別珍惜奧運那段時間。**

當時不為意，今天看來，正因當年的病無藥根治，又說不定隨時突然病發，我每天都本着打一場少一場、有今天沒明天的心態，那燃燒的熱誠和意志比以前在國家隊更瘋狂，無論單打雙打不停找人鬥波，想展現自己能力的欲望爆晒錶，每一分力氣都榨乾！

每一出手，腦內瘋狂運轉分析判斷如何應付／下套／改良／反擊，身體也在零點零幾秒之間實踐我的想法！

每一局每一球，在我看來都那麼珍貴，**每一分我都死咬不放，不會留手；絕不放棄，方才不枉！**

結果，奧運倒成了一場實戰訓練，助我邁向後來
2006年職業生涯狀態和技術的巔峰。

為港乒勇奪史上首面奧運獎牌，絕非我一人之力可
成，但我敢直言兼直認：這獎牌，是我大半生每天
自我督促鞭策，以及對每一細節的執着堅持，所得
來的甜美果實。

哪個球手不想贏？但到了最頂尖水平，大家技術
套路不分伯仲，那麼鬥的比的，就真的是**誰不
怕死**。

對戰總有下風時，但若當這是「最後一場」，就沒空
去沮喪難受不忿扭計。這一分輸了？下一分贏回來
就行！

目標一旦定下了，我就堅定向前衝，用盡我所能用
的力量，做我自己所想做的和相信的。

**知其不可為而為之，義無反顧吾往矣！**

勇、堅持、不向任何困難下跪、鍥而不捨追逐前方的一點光，這條路刻苦而孤獨，非常人所能承受。

換來畢生難忘的回憶與得着，**我要多謝我自己。**

---

**爆晒錶** baau³ saai³ biu¹ 【超出上限】

**扭計** nau² gai² 【耍性子，鬧彆扭】

"唯有夠用心、
揸得住寂寞，
成功才會奔向你。"

1： 2001 年香港，與（左起）時任港隊教練王文華，以及中
國男隊教練趙國成、女隊教練陸元盛合照。

2： 2001 年香港，與老前輩兼前國家隊教練、國際乒聯終身
名譽主席徐寅生合照。

3： 2002 年 5 月 2 日意大利公開賽，夥拍高禮澤勇奪男雙
冠軍。

4： 2003 年的世界巡迴賽，跟阿澤愈戰愈勇，六個公開賽總
共拿下 3 金 1 銀 2 銅，勢如破竹！

5： 2003 年 2 月 22 日，第十六屆曼谷亞錦賽，奪得男雙冠
軍、男團季軍。

6： 2003 亞錦賽男雙，我們港隊包辦金銀牌，並贏下國家
隊，證明幸福要大膽攞！

7： 加入港隊後，多夥拍柳絮飛出戰混雙比賽。

8： 2004 年 5 月 20 日，韓國公開賽取得男雙亞軍。

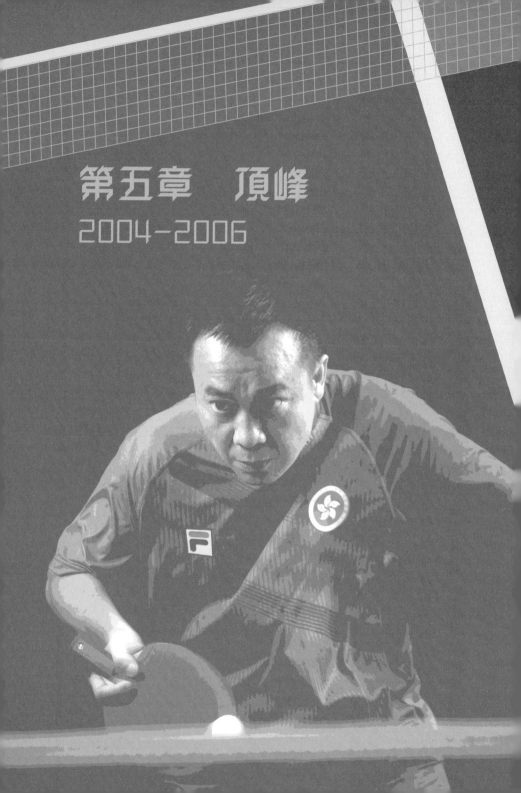

# 第五章 頂峰
## 2004-2006

身體逐漸康復，狀態衝頂，一路高唱凱歌，所向披靡！

**2004/8 月** ── 雅典奧運勇奪男雙銀牌，是港乒史上首面奧運獎牌、香港史上第二面奧運獎牌。

獲投選「2004 十大港人最開心事件」第一位；與高禮澤拍檔，獲傳媒暱稱「乒乓孖寶」

**2004/9 月** ── 奧運後「一切從零開始」，繼續精進技術

公開賽奧地利站男雙冠軍、兩站（日本站、德國站）男雙亞軍

**2005** ── 獲選 2004 年度「香港傑出運動員」

獲頒授香港特區政府「榮譽勳章」（M.H.），表揚「在國際乒乓球比賽中表現卓越，成績斐然」

第一屆斯洛文尼亞公開賽男雙冠軍

公開賽兩站（克羅地亞站、台北站）男雙冠軍

第十七屆亞錦賽男雙冠軍、男單亞軍、男團季軍

第十八屆亞洲盃男單季軍

**2006** ── 獲選 2006 年度「香港傑出運動員 ── 香港最佳運動隊伍」

積極備戰多哈亞運，狀態進入職業生涯高峰

公開賽科威特站男雙亞軍及男單季軍

兩站（卡塔爾站、日本站）男雙季軍

**2006/4 月** ── 世錦賽港隊首奪男團季軍

**2006/9 月** ── 松下 2006 中國乒乓球大獎賽男單季軍

## 2004
# 腦選手

備戰奧運，有所謂「知己知彼」——「知己」排在前面，首先是做好自己。

日日做 gym，keep 住狀態而不過度。之前提過專攻拉胯，下肢真的練至「fit 到離晒譜」；日後我的步法、速度和持久度成為世界頂級，全拜這段日子苦練所賜。

至於「知彼」，就是健身時我最常用腦！

一邊練力，一邊像電腦分析數據般，腦內將每一位對手的優點缺點拆解個遍，無一遺漏。跑步時又去諗下雙打，走位配合、戰術、怎擊潰對方殺着等等。

打波大家都會執人 miss，所以我努力提升自己的命中率和穩健連續性。例如對手通常贏我 10：8，我能捱多幾板唔 miss 變成 10：9，那就真的有可能贏。

只要每一分都謹慎把控，扭轉局勢未必不可。畢竟在這種級別的大賽，**輸贏就是一分之間**。

我很注重自己的得分率、命中率和穿透力，這是技

術層面的得分關鍵；與此同時，自己弱點不要輸那
麼多，再加上心態贏對手少少 —— 對手也是人，
背負國家之名也很沉重，他們也會跌 watt。綜合起
來，不就是勝利方程式！

這方程式，實踐起來就是你的臨場表現。

臨場能否作出正確判斷，遇上困局立即想出解決方
法，或是瞄準機會執 miss 反擊，下風局面如何扭轉
……考驗的不止努力，還有「腦」力。

所以**臨場反應最值錢！**

研究説乒乓球員要在幾毫秒之間預判球軌並作出反
應，除了身體的中樞神經要千錘百煉，**「腦練」
決不可少。**

---

Fit 到離晒譜 fit dou³ lei⁴ saai³ pou² 【狀態好得誇張】
執人 miss zap¹ jan⁴ mis【窺準對手失誤】
跌 watt dit³ wɒt【狀態下降】

## 1994-2004
# 一孖瘋子

乒乓球嘛，全世界一向都是看單打論實力，因為單打講究全方位的強。參加奧運當年我已 29 歲「高齡」，拳怕少壯，身體又未完全康復，單打再努力怕也不會攞牌。

權衡取捨之下，我選擇主力雙打，拍檔：高禮澤。

跟阿澤搭檔，是自國家隊年代開始。

除了單打，教練也讓大家自行組隊雙打。我和阿澤都來自廣東省隊，同鄉同撈同煲，自然就拍埋一齊，早在 1995 年全錦賽就一起拿過男雙亞軍。

語言是一個因素，又同住一個宿舍，生活習慣相似，乜都傾得。我們的默契，老實說已超越言語所能形容，**冇佢冇今日。**

若真要量化，如果我的一下正手抽擊是 100 分，有阿澤將波 set 到對手上唔到的位置，就會發揮到 120 分。

雙打搭檔，一齊贏波已夠難，更難是遇上問題時，二人夾唔夾此時方會見真章。

須知道競技體育這條路，必經無窮無盡的失敗以及

破而後立。有時候剛解決了一個失敗，又有另一波失敗襲來，還要有心胸去承認自身不足，然後迎難而上，那挫敗感和沮喪既強烈又頻繁，絕非常人能夠承受。

不能直面困難的人，無法成大器，亦難以成為可靠的同伴。

阿澤是一個很有韌性的人，敢於直面困難、耐心、不放棄；這種精神維度，真的非常罕見。

若是逆境波，我和阿澤都會不斷衝擊、突破、挑戰，絕不場上崩潰放棄。

就，兩個打球瘋子！

## 人生能得一伙伴一起瘋，何之大幸。

一孖 jat¹ maa¹【一雙，兩個】

同撈同煲 tung⁴ lou¹ tung⁴ bou¹【難兄難弟】

乜都傾得 mat¹ dou¹ king¹ dak¹【啥都能聊】

夾唔夾 gaap³ m⁴ gaap³【是否合拍】

## 2004
# 輸咗都享受

已確定主攻雙打的我，單打時直情用雙打戰術去打，盡了力就好，輸咗就輸咗。加上不是爭獎焦點，這種心態反而讓我能好好享受過程。

今天回看，我覺得奧運取得好成績是在於享受。

**享受比賽真的很重要。**

在選手村房間，一打開門，發現住對面的是美斯（Lionel Andrés Messi，著名阿根廷足球員，六屆世界足球先生）。還見到他到露台晾衫。

我們乒乓隊伍幾個常集體出動，聊天打鬧。閒時我又去看看樓下黃金寶（著名香港單車手兼世界冠軍）整單車，望住個轆轉，都幾減壓。

飯堂供應自助餐，大家排隊，要哪道菜，有專人夾給你。我不大理會那小牌子上寫的營養成分，想食乜就食乜，當時的運動量想肥都難。

都幾乎忘了是在奧運會！

我們被列為種子選手，首兩圈輪空，至第三圈才比賽。抽籤後，男雙首戰對韓國吳尚垠 / 朱世赫。

這一對我們曾對戰過，訓練時有針對性練過。

吳尚垠和朱世爀都是單打實力在線的球員，吳尚垠的橫板特別衝，反手一絕、正手手段豐富；朱世爀人稱「天下第一削」，球好飄，忽左忽右，令對手難發力。

就雙打而言，他們一攻一削不差但非完美，只是因奧運人數限制所以搭檔。相比之下，我和阿澤一左一右、一攻一控，是有合理優勢的配對。

上場心情很高興。

這第一戰局數勝四比一，贏得很順利。對手走位有少許漏洞，我看都不用看，單憑感覺就出到手。

因為專門練過，殺波時我出手快得對方都來不及反應，爽！

---

**直情** zik⁶ cing⁴【直接，索性，分明是】
**整單車** zing² daan¹ ce¹【修理、調校自行車】
**轆** luk¹【車輪】
**爽** song²【痛快】

## 2004
# 攻呀攻快搶攻

第二戰，對塞黑的格魯季奇／卡拉卡塞維奇。

是老對手了，都熟悉彼此打法。之前數度交手，我們僅僅險勝一兩分，是歐洲最難打的對手之一。

他們亦是一左一右，左手卡拉卡是全能天才，擅長假動作；右手格魯季奇，攻擊力穩健，非常準，威脅大。

他們的台內進攻較佳、氣力較大；我們台內控制較強，我的中台節奏和線路稍勝，總之勢均力敵。

幸好第一戰我就來了狀態，這八進四我氣場全開，滿台飛！

無論對手怎樣 fake，我都正手殺下去。你進攻勁？我就反攻！你攻我又攻！總之成場大家都狂攻 mode，幾乎沒怎防守。

阿澤是控制型球員，一向較慢熱，這一場也被我帶動了，很快便開始嚟料，好似入咗直路。

不知是否我的霸氣嚇窒對手，有驚無險，贏局數四

比一。

完場，我瞥見教練慢慢拍手扮平淡，但一臉掩不住的驕傲。

下一場準決賽，對俄羅斯馬祖諾夫／斯米爾諾夫。

隊友張梁配第三圈輸給他們，看錄像，他們是兩右手，反手特別好、正手較弱。台內大家旗鼓相當吧。我們一左一右，跑位有優勢。

雙打不是一味靠技術，步法和移位也是取勝關鍵。但走位講就容易，比賽時那種急停、起動然後不斷重複，講究腦和肌肉的協調，鬥的就是平日下了多少苦功。

四進二了，難免有無形壓力。晚上 10 點撻落床，囉囉攣，個腦叫自己早啲瞓，對眼望住天花板到凌晨四點。

第二朝如常六點半起身，準備比賽。

與阿澤對望一眼，大家都黑眼圈。

## 無言，心照。

---

塞黑 coi$^3$ hak$^1$【現塞爾維亞】

Fake feɪk【假動作】

嚟料 lai$^4$ liu$^2$【進入狀態】

嚇窒 haak$^3$ zat$^6$【嚇倒】

撻落床 taat$^3$ lok$^6$ cong$^4$【就寢】

早啲瞓 zou$^2$ di$^1$ fan$^3$【早點睡】

囉囉攣 lo$^1$ lo$^1$ lyun$^1$【輾轉反側】

# 2004
# 交界我

準決賽對俄羅斯，早上觀戰中國贏丹麥率先入決賽，而自己贏這場就一定有獎牌，但對手是國家隊師兄弟……各種念頭亂閃，心情複雜到一個點。

踏入賽場，真有點腳軟，淆淆地，不過一拎起球拍，warm up 了一兩分鐘便進入狀態了，先取兩局。

第三局，感覺裁判成日望住我，還 foul 了我兩個發球，説我拋球不夠高犯規。

連輸兩分，我真係面都青埋！高手對戰一分足以致命，況且如果看錄影很多球員更茅，我已算好正規！不過場上一切全看裁判個人感觀。

嗰一刻我個腦真係轉唔到彎，心諗佢係咪針對我？就這樣被打亂了節奏，人繃緊得連呼吸都不暢順，前四局變了 2：2 平手。

這時候，阿澤企出來。

**「靜哥，個波交界我，我攻。」**

然後他連續兩球高難度進攻得分！

多得這停一停、定一定神，我感覺肌肉一放鬆，忽然就回到氣了。一回氣，整個人突然又滿電，我知道「有了」！

第五局一順，第六局我更是殺神上身，本來一向是正手台內挑打，我忽然來兩球反手橫打、台內弧圈，一批出去是蕉形球！

對手都呆掉了，成了個活生生的［我是誰我在哪］meme。

結果四比二奠定勝局，**我們一定有牌了！**

**奧運李靜唯一激動得眼濕濕的 moment，就是這一刻。**

當晚終於能好好睡一覺（劫到晚飯都冇食）。這一戰最大感想，是從阿澤身上學到節奏雖快也要穩定扶持，以及，記得對裁判微笑……

……**到一個點** dou³ jat¹ go³ dim²【……得誇張】

**淆淆地** ngaau⁴ ngaau² dei²【有點膽怯】

**拎** ling¹【拿】

**面都青埋** min⁶ dou¹ ceng¹ maai⁴【臉色也鐵青起來，驚怒交集】

**茅** maau⁴【茅躉的「茅」，犯規，不守規則】

**叉滿電** caa¹ mun⁵ din⁶【狀態回復】

**劼** gui⁶【疲累，睏】

2004
# 那一塊小小金屬

奧運金牌之役，對國家隊馬琳／陳玘，以前從未贏過的對手。

綜合能力不如人是硬傷，我們的確處於下風，但那又怎樣？

都最後了，怕甚麼？**拼了！**

我們拼，瘋狂的拼，劣勢也好領先反超扳平也好，每得一分都大喝一聲，讚讚自己！

一開始連輸兩局，第三局我們扳回，第四局一直每分都平分至輸 8：11，第五局我們又扳回。

最後第六局，我發球失誤，5：10。再開波，賽點了，捏着球我心想「唔好再失」──點知真係落網。我「哎呀」了一聲。

奧運一役落幕，銀牌收官。

比賽結束的一剎那，我腦袋有點空白，滿腔意猶未盡，不滿意自己剛才兩發失，**我好想繼續打，打好啲！**

但同時壓力亦迅即全部釋放。**攞牌了，我們攞
牌了！**

這是港乒史上首面奧運獎牌，也是香港回歸後首面
奧運獎牌；但對我自己而言，意義不止於此。

自 5 歲起打球，在國家隊輪不到我出戰奧運，經歷
患病幾乎毀掉職業生涯的絕望，然後幸運地得乒總
賞識和支持，自己大膽選擇移居香港，一路廿多年
來高低起伏，青春歲月在球室與賽場上苒苒流逝。

今天，付出終於有了成果，一個我人生目前為止最
美好的成果。

**運動員的命運啊**，理想夢想講得再偉大，有
牌才留名。這面奧運獎牌對當年的我來説，更是格
外珍貴，因為身體問題説不定沒有下次，攞咗至係
真，那感觸，只有自己知。

**項間這一塊小小金屬，是我半生奮鬥
的重量。**

項間這一塊小小金屬，
是我半生奮鬥的重量。

# 2004
# 雅典處女遊

比賽後除了興奮得與阿澤、教練，還有乒總余會長
擁抱，其實我即時做的，是回身與隊友作賽後總
結。這是多年習慣了，一比完賽，大家你說一句「剛
才應打那兒」，我答一句「係啦嗰球旋轉慢咗」，趁
印象深刻立即自省檢討，分享經驗。

精微至「每一分都做好」、「逐分去贏就好」的心態
境界，也是這次奧運悟到然後實踐的寶貴經驗，日
後受用無窮。

賽事完了，接着頒獎。頒獎的是港協暨奧委會會長
霍震霆，大家開心得擁抱了一下。然後看特區旗幟
緩緩升起，我貌似平靜，心情超激動、超開心。

身旁金牌得主就是國家隊師兄弟，輸了給他們，我
心裏只有對好對手的尊敬，這是高手間的惺惺相
惜，更欣慰國乒人才輩出。拍照時我們四個肩碰肩
擠在一起，幸福感爆棚。

早在贏了準決賽時，我們已知道自己會是閉幕式持旗手，還為此改了機票，傳媒更是蓄勢待發；但當時他們很專業地，在決賽前一直沒打擾我們。

所以直至獎牌落袋、坐定定接受採訪後，才知道原來決賽有那麼多人在街上看直播，**好感動，好慶幸，感謝香港市民和各界嘅支持。**

我說過我們運動員常與傳媒碰頭，大家都很稔熟，這次贏獎牌，我和阿澤也盡量配合他們的訪問。

有電視台製作節目，貼心安排我們遊覽雅典，作為慶祝。我們本身沒想過出去，倒是託了節目的福，人生第一次在這奧林匹克發源地觀光，品嚐地中海名菜，像個含羞答答少女一樣在名勝古蹟前擺甫士打個卡 —— 哎吔，**奧運銀牌得主，也是普通人一個啦。**

---

**爆棚** baau³ paang⁴【滿溢】

**擺甫士** baai² pou¹ si²【擺 pose，擺姿勢】

**打卡** daa² kaat¹【Check-in「報到」之意，此處指在旅遊熱點拍照留念】

在球場中，

靜哥充滿激情，

經常被他帶動進入忘我境界，

對技術的細節有獨到的見解

及深入的研究。

而在平時生活中，

靜哥則是風趣幽默，

金句連連！

高禮澤

香港隊男青教練　雙打拍檔

## 2004
# 勝利不過手中沙

奧運閉幕式,擔任持旗手(原來支旗都幾重)。

回港,機場有數百人熱烈歡迎代表團,場面墟冚。

聽説當晚還有記者在體院外守候,想野生捕獲我們,以為我們會出外慶祝。

殊不知我和阿澤整個星期都沒外出,立即回復正常運動員生活,日日練波,全無改變。

好老實,奧運我都係當作普通大賽。**成績過後,一切從零開始。競技體育就係咁現實、咁殘酷。**

應付各式大小慶祝活動之餘,我和阿澤反而自動自覺加操苦練,教練倍感安慰。

名利名利,贏牌後曝光多,「名」是自然,「利」,我卻不求。為甚麼?很簡單:**職業球員可依靠的,唯有「容量」。**

有此想法,大概是因為年輕時轉橫板(見第二章)的經歷吧!人不經歷不長智,當年我由職業殺(球)手變二打六,在一次次被狠狠碾壓、打擊一番過後我

明白了，作為職業運動員，實力再好，容量也被容器的大小限制；唯有不斷突破、擴大容器，容量愈大，自身價值才愈大。

打好一場比賽，香港掀起乒乓熱潮，球拍都賣斷，為整個社會帶來拼勁與正能量，提振氣氛……我當然開心；亦正因如此，我更加不能停，要繼續再提升技術！

初嘗成功總是美好，但對我來說，球員之路，如一列不斷自我追求的高速列車，中途不停站。

### 勝利不過是手中沙，有實力才最可靠。

不敗之地，才是球員歸處。

---

**墟冚** heoi¹ ham⁶【場面熱鬧非常】

**野生捕獲** je⁵ saang¹ bou⁶ wok⁶【網絡潮語，指於街上偶遇名人】

**好老實** hou² lou⁵ sat⁶【坦白說】

**二打六** ji⁶ daa² luk⁶【嘍囉】

## 2004
# 子彈對子彈

奧運後，我歸納出技術上要再鑽研之處。

與國家隊相比，我們稍欠的是力度、準確度和位置
預判。

步法我不擔心，力量不夠技巧搭救；所以精進的焦
點，放在對旋轉的理解，以及擊球 timing 與位置。

人哋抽你，點解你抽唔返去？所謂實力差距，來來去
去不過那幾個元素，未贏說明自己某些元素未夠精進。
想贏，肯正視問題便可。

我們那年代，科技和支援團隊沒那麼先進完善，有
了成績後教練和隊友更加不會多口和你「分享」心
得，所以想精進，純靠自己直面問題、找出源頭、
努力改進，別無他法。

我個人的做法是，從實戰中抓取靈感，在腦內將數
據細分化，擬訂方案再切實執行出來 —— 進步其實
很容易，方法擺在眼前，視乎你有多用心。

**不進步，不是輸資源輸經驗輸運氣輸
不勤力，是輸心懶！唔用心！**

在訓練中專門找有利自己的擊球位，找到後深化下去；練熟練固定了、信心有了，再繼續練其他難度更高的。

自己逼迫自己，用心將自己精磨成一把最鋒利的刀，在大賽危急存亡之際，這「武器」會救你一命。

**高手過招就是子彈對子彈，堅持精進二十年，為的是贏那一毫釐。**

順境時顯現惡習，逆境時凸現美德。**競技體育到了最頂層，比的是心性。**

Timing ˈtaɪ.mɪŋ【時機】
抽 cau¹【抽擊，打】
抽唔返去 cau¹ m⁴ faan¹ heoi³【打不回去，沒能反擊】
多口 do¹ hau²【多嘴】
擺 baai²【放】

## 2005-06
# 一步一腳印

那麼，怎樣才知道自己進步了？

**當你發現怎樣打都很爽的時候。**

譬如説，有一球明明 timing 唔啱，你又擊得中嗰，咪證明自己改進咗囉。

説別的你可以自欺欺人，成績卻容不下水分！2005 年我和阿澤蟬聯亞錦賽男雙冠軍（上一屆為 2003 年），贏了陳玘 / 王勵勤，連國家隊的教練和師兄弟都預想不到！

作為個人實力指標的男單成績亦突飛猛進，例如同一屆亞錦賽，我淘汰奧運冠軍柳承敏，最後取得單打銀牌；2005 年克羅地亞公開賽，淘汰國家隊視為頭號對手的德國世界冠軍波爾。

於 2006-2010 期間（除 2010 上半年），我的世界排名都在前二十名內，最高第十（2008 年 6 月）。

我們雙打模式和走位等固定了後，成績再超越，就證明是進攻力和穿透力變強了，威脅更大了，自然就由以前有六、七成機會贏波，變成八、九成。

那段日子，我拉出的正手穿透力爆炸，真係令對手透心涼，球球瘋狂掃射，逼得對方只有擋的份兒，嘿擋得了也只是一兩板。一出手就知有沒有，對方連手都出不了，我自己梗係 —— 爽！

其實當時自己都唔知點解，唯一能肯定的是，奧運銀牌後我們沒自滿沒固步自封，反而更刻苦訓練鑽研技術，下的苦功，見效了。

是香港給了我機會，我也絕不辜負香港，回報以最好的自己。

**付出是一步一腳印，付過必留痕。**

---

咪 mai⁶【那就，那便】
水分 seoi² fan⁶【虛假成分】
透心涼 tau³ sam¹ lœng⁴【原意感覺涼快舒服，此處反喻令對手心寒】
梗係 gang² hai⁶【當然是】

Li Ching is one of the great technicians all around the world. He had great technique as an athlete which was difficult to play against him every time. Despite the result, we always congratulated each other, which was a great pleasure to play against him. For me, Li Ching was a player with good sportsmanship and techniques and now he continues to spread his positive influence to lead the Hong Kong Table Tennis Team. I wish all the best for Li Ching and the Hong Kong Team.

李靜的精湛球技世界首屈一指，雖然對上他例必硬仗一場，但賽後我們總會互相道賀，所以我很享受與他比賽。現在他擔任港隊教練，我欣見他將拼搏堅毅的體育精神和超凡球技傳承下去。祝願李靜和香港隊鵬程萬里！

柳承敏
Ryu Seung-min
韓國乒乓球協會會長

Li Ching is a very clever table tennis player, very good on the tactic sides, very difficult to play. It's nice to watch him playing because he was running around a lot :) He's a very friendly guy so it's always a pleasure to play against him, and the Hong Kong Team as well. Hopefully they will have a strong player like Li Ching in the future.

李靜是一位很聰敏的乒乓球手，技術超凡，是很難應付的對手。看他比賽中敏捷跑動的步法，可謂賞心悅目 :）。他十分友善，跟他和香港隊對賽是件樂事！希望將來香港隊有更多像李靜一樣的好球手。

羅斯科夫
Jörg Roßkopf

德國隊男乒主教練

## 2006

# 贏波秘訣：啱 feel

2006，無論從自身了解、教練角度還是專業評價，都是我技術和狀態的最巔峰時期。

「詩意」一點，我會說是，**找到感覺。**

**甚麼感覺？合理的感覺。**

天才或超一流的選手，出手看起來十分流暢，自然隨性，一球連一球，實則顯現個人風格與心意。

充滿藝術性的行雲流水感覺，來自**對球的理解**，以及強大的把控場面能力。

為何很多年輕球員，天資不俗、名師指導，練過無數的球、備好種種套路，卻每每比賽上使不出招，反被人套路，輸波？

因為他們未合理。

乒乓球每一板過台僅 0.1 秒，你必須相應使出**最適合當刻的擊球 timing、力量、位置、角度、旋轉變化和走位。做對了，就叫合理。**

合理不是純反應或純思考；合理是一盤棋，部署環環緊扣。

你要心裏了然對手最有可能的第一、第二、第三反應，然後自己每一板都令對方使不出這一二三號反應，或是早一步在對應一二三號反應的位置等着球。如此一來，不光是技術上控制對手，對手還會因自己招招被看穿、處處被箝制而十分難受，心理質素愈變愈差，越來越多失誤⋯⋯學術點叫把控場面，直接講就係「撳住佢嚟打」。

## 每一個 0.1 秒都合理，就是實力！

合理與否，全視乎臨場，既要靠自己感覺，亦必須在實戰時方能驗證，沒有老奉，教也教不來。

---

啱 feel ngaam¹ fi:l【感覺對了】

撳住嚟打 gam⁶ zyu⁶ lai⁴ daa²【按住對方暴揍，比喻對手無力招架】

老奉 lou⁵ fung²【奉即「奉旨」】

# 2006
# 潑婦

唔講 feel，2006 也是我成績最輝煌的一年。

中毒後經歷 8 年多調理，一如醫生當初估計的時間，終於康復得差不多；身體終於能趕上想法，將技術優勢發揮至最極致。

講真，除了世界冠軍，大致上能贏的人都贏了。

世錦賽，4 月德國不萊梅。香港男團小組第一直入八強，但也是八強隊伍中唯一輸過一場的，在全勝晉級的國家隊、韓國隊和德國隊面前，根本不被看好。

Quarterfinal 八進四對奧地利，我打第四場單打，成為轉捩點。

當時香港場數兩勝一敗，第四場對手是前世界冠軍、兩年前在奧運男單令我敗陣的施拉格。

那時候我對球的 feeling 真的很強烈，幾乎每一球都預判準確，在施拉格打的落點等着！

當然施拉格也不是省油的燈。前四局我梅花間竹贏、輸、贏、輸，苦戰下，第五局終於取下！

贏波一刻，我激動得拋高球拍大叫，教練和隊友也開心到彈起！我們總場數贏三比一，代表入到 Semifinal，一定有牌，**創出港隊史上最佳的世錦賽男團成績！**

最終，我們贏得男團銅牌；港隊也是繼國家隊後，唯一男女團體賽都有牌的隊伍！（女團奪得銀牌）

當年傳媒評論說，我們港隊這「爆冷黑馬」，能夠在世界舞台，由上屆（2004）男團第五到今屆躋身三甲，可見「隊伍更加成熟，邁上了新的起點」。

的確，我們從世錦獲得了前進的動力和信心，接着就在 12 月的多哈亞運會再創高峰。

不過第五局我一贏就拋拍，好像被某歐洲傳媒覺得很不成熟，戲稱為**潑婦式慶祝**。哈哈我管你說啥，最緊要贏家是我！

**❶**： 攝於 2004 雅典奧運前夕，男子團隊代表，左起：梁柱恩、張鈺、我和高禮澤。

**❷**： 港隊男女子乒乓球球員大合照。

**❸**： 2004 雅典奧運，與乒界傳奇、瑞典的瓦爾德內爾合照，狀若小粉絲。

**❹**： 出外作賽，遇上另一瑞典殿堂級人馬佩爾森，立即合照！

**❺**： 贏得 2004 雅典奧運銀牌後返回母校，與時任管理學院副院長熊劍教授（左）及時任商學系主任楊建華副教授（右）合照。

**❻**： 2004 年 10 月 7 日，香港郵政發行小版張式「心思心意郵票」和已蓋銷紀念封，恭賀乒乓孖寶在雅典奧運會贏得男雙銀牌。每個小版張有 16 枚郵票，上面印有李靜和高禮澤的肖像。攝於發行儀式上。

**❼**： 男單是實力指標，我在 2005 第十七屆韓國濟州亞錦賽贏得男單亞軍，狀態之佳不言而喻；同時還勇奪男雙冠軍和男團季軍。

**❽**： 2005 年第十七屆韓國濟州亞錦賽，港隊不論男女子隊都大豐收！

**❾**： 咁大個獎杯，應該係拿下公開賽男雙冠軍，估計應是 2004 奧地利，或 2005 斯洛文尼亞 / 克羅地亞站。

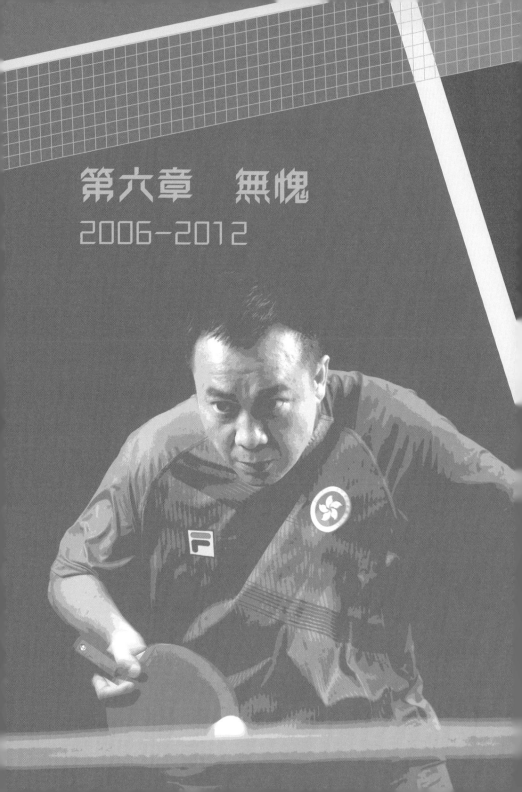

第六章　無愧
2006-2012

**勇奪亞運金牌，人生邁向新階段，轉型肩負傳承重任。**

**2006/11 月** ●—— 第十五屆多哈亞運會男雙金牌，男單及男團銅牌
為了平衡事業與生活，開始思考未來

**2007** ●—— 公開賽兩站（智利站、俄羅斯站）男雙冠軍、兩站
（奧地利站、法國站）男雙亞軍、中國站男雙季軍、
三站（斯洛文尼亞站、俄羅斯站、奧地利）男單季軍

**2007/5 月** ●—— 世錦賽男雙季軍

**2007/8 月** ●—— 松下 2007 中國乒乓球大獎賽男雙季軍

**2007/9 月** ●—— 第十八屆亞錦賽男團季軍

**2008** ●—— 第四十九屆世錦賽男團季軍
公開賽斯洛文尼亞站男單亞軍、智利站男雙亞軍及
男單季軍、中國站男團亞軍、新加坡站男雙季軍

**2008/8 月** ●—— 北京奧運男雙第五，男單第九
STAG 加拿大盃男單冠軍

**2009** ●—— 一邊計劃退役，一邊繼續為港隊出征
第十九屆亞錦賽男雙及男團季軍
第五屆東亞運男雙及男團季軍
公開賽埃及站男單亞軍、日本站男雙及男團季軍、
波蘭站男雙季軍

**2009/5 月** ●—— 出戰世錦賽，男雙半準決賽因拍檔受傷棄權

**2010** ●—— 公開賽日本站男雙、男單季軍、埃及站男單亞軍
獲選「香港十大傑出青年」

**2011** ●—— 波蘭站男雙季軍
修讀香港浸會大學體育休閒管理碩士（兩年）

**2012** ●—— 日間兼職教練，晚上返學

## 2006
# 兩強相遇勇者勝

亞運先打的是男團，強敵有中、韓，還有中華台北隊，再數下去有衝擊力的就是傳統強隊日本。我們小組首名出線，沒想到八進四便立即對上日本。

八進四之所以關鍵，全因這是「有牌 vs 冇牌」的界線。

當年還加上女團意外輸給新加坡黯然出局，奪獎壓力落在男團身上；再者這打頭陣的賽果，亦會直接影響餘下項目的士氣。

第一場張鈺激戰五局，負於韓陽。我全勝取下第二場，第三場日本男一號水谷隼贏。第四場，輪到我對韓陽。

現在總場數落後一比二，**我非勝不可。**

我和韓陽，由細打波打到大，還在河北一起打過一年球。他是天才球員，很強的對手，去了日本後他的球更合理了。

首三局韓陽領先二比一，第四局我又扳回。

鬥到第五局，我落後 1：5。

冇彎轉了，我當時真正膽生毛，心口一個「勇」字，瘋了！

全進攻，不斷運用步法，僅五五波得分的球也果斷出手，總之將自己贏的概率推到最大！

他打得好，可我也盡了所有努力，一分一分扳了回來。

被我趕上至 7 平後他壓力來了，變得手緊，反被我壓制。

贏波大家都想，總有幾樣嘢留到最後先用，**你有留後手就係實力**，就像這最後一球。

接了發球，我界一個他難發力的反手小三角位，側定身等佢進攻。韓陽拉弧圈時眼角餘光瞥見我動作，就想加大力度狠一點，球啱啱出台，誰知拉漏，得分！我贏了，11：8 反勝。

**所有劇情鋪墊，都是為了這最後一球的出現。**

這是李靜獨有文化，由第一分諗到最後一分，摸清敵方套路、預估對手心態，每一球都用自己優點克制對手缺點，下下都頂心杉，令對手十分難受，最後還搬出一個超必，殺你個措手不及！

**我真係好用心喺乒乓之上，係用生命去打波，想攞我命，你一定要實力比我強，而且仲勇過我！**

---

**冇彎轉** mou⁵ waan¹ zyun³【沒回頭路，沒退縮餘地】

**膽生毛** daam² saang¹ mou⁴【膽大包天】

**五五波** ng⁵ ng⁵ bo¹【成敗機會均等】

**手緊** sau² gan²【拘謹，保守】

**頂心杉** ding² sam¹ caam³【對着幹】

**超必** ciu¹ bit¹【超級必殺技，致勝的最後殺着】

**仲** zung⁶【還。正字為「重」，但為免誤讀常改用「仲」】

乒乓球，我們共同的喜好！

都是球員，也都是教練，

分別在香港與台灣。

關於乒乓的學習與教學，

我們來來回回，密切交流，

一直乒乓不斷。

李靜教練的乒乓專書，讚 👍

吳文嘉

前中華台北男乒主教練

# 2006
# 嚇窒

反超前贏了韓陽一刻，連香港記者都激動得跳起身來，我們香港隊氣燄「轟」一聲燃起來了。

那氣勢真的嚇窒了日本隊，第五場張鈺直落 3：0 輕取吉田。

男團最後取得銅牌，得來不易。

這一仗可謂我們亞運一個轉捩點，就因為爭了這一口氣，我們翌日男單、男雙（還有女單、女雙）都取得佳績！

男單。八進四。

對上韓國一哥吳尚垠，真係跑甩髀。

吳尚垠是橫板，本身就剋我，因為韓國隊內多直板，他自然練就出多套針對直板進攻的戰術。

以前男單我從未贏過他。

妙在男團打好了，點着咗火氣，我狀態節節上升去到巔峰，球靈感源源不絕，**今次站在他面前是不一樣的李靜！**

過往他六分我四分，現在我拼了，長中遠台都進攻，用進攻當防守。這種非常規防守，加上對我的反手預計不足，我又反手進攻反拍又加大旋轉又上台又拐彎弧線香蕉球，把他打得流水落花春去也！

最後一局我完全上風，佢點抽我，我都用到正手回擊，要佢打邊度就邊度，還有我的獨門小碎步配魚躍式救波，真的切切實實 feel 到吳尚垠冇癮 —— 知自己大勢已去，唔想打。

局數四比二入四強，**我第一次贏吳尚垠，當年公認爆了個大冷門。**

男單最後拿了個銅牌；準決賽輸給馬琳，真係唔夠打，完。

---

**跑甩脾** paau² lat¹ bei² 【誇張描述跑動量，多得雙腿幾乎脫臼】

**點着火氣** dim² zoek⁶ fo² hei³ 【氣燄來了】

**冇癮** mou⁵ jan⁵ 【沒趣，掃興】

第六章　無愧

# 2006
# O 嘴

說到小碎步，我的步法之所以是當時世界乒乓球手最快之一，是我特別針對自己並非一板狂抽得分那種力量型球員，因而加以鑽研再長期刻苦練得來的。人家走位一大步，我就分兩、三步，靈活度和容錯性更高、更易找合理 timing；保持穩定進攻贏點數，跑動時也沒那麼容易傷膝蓋和拗柴。

所以 2006 年這狀態巔峰，**不是一次半次撞彩，而是實力表現**，印證在隨後的比賽之上。譬如**男雙，場場硬仗！**

第一場八進四對韓國吳尚垠／李廷佑，擺明攞獎組合兼韓國奪金希望。

不過，不好意思，今次他們碰上**着火的李靜。**

所有球隊備戰，定必看錄像分析對手、制定戰術。我剛打開了靈感新天地，進攻位、路線和手段突然比錄像中多了，對手冇咁快適應，此其一。

其次，我加大了台內進攻和落點變化，威脅更大、擋接難度更高。尤其在雙打，我先攻，對方就變成後手進攻，進攻質量自然下降，甚至進攻球手也要防守，使不出一早盤算好的策略。

**被我這頂心杉頂心頂肺，心情一定差（笑）**，容易失分。

再加上我和阿澤狀態好，下風之中，求勝欲望更強！

記得都打到局數領先三比一，真係 feel 到對手洩氣。反觀我們這邊，感覺對了，我更是完全放飛自我，各路招數開放式紛呈。

分數 8 平時我打出個靈感波，對手全面崩潰，阿澤都 O 晒嘴！

---

**贏點數** jeng⁴ dim² sou³【部分運動以點數計算輸贏，此處指一分一分贏上去】

**拗柴** ngauu² cai⁴【扭傷】

**撞彩** zong⁶ coi²【巧合】

**頂心頂肺** ding² sam¹ ding² fai³【處處箝制，出不了手】

**O 晒嘴** əʊ saai³ zeoi²【同「O 嘴」，就是（⊙ O ⊙），目瞪口呆】

2006
# 幸福要大膽去攞

男雙準決賽，對國家隊馬龍／王皓。

17歲的馬龍剛在不萊梅世錦賽拿了個男團金牌，
22歲的王皓狀態大勇（這次亞運他拿了男單和男團金牌），直板橫打反手天下第一。

我諗住偷下雞，一上場快刀斬亂麻，第一板就進攻，還要從他們最強也最危險的正手位突破。

估唔到，奇招收奇效，連取三局。

不是對手沒實力，是他們唔信邪！以為第一局只是戰術鋪墊攞下威，誰不知我們真的用來做主要戰術。

我和阿澤一向以控制為主，我突然勢兇夾惡進攻，塘邊鶴啄啄下逐分去搶，他們反應不過來。

況且，我和阿澤已捉到雙打的精髓，連接時間、空間、跑位和心態，瓣瓣都好清晰。

## 雙打與單打最大也最重要的差別：
## 要跟板。單打我唔夠你打，但雙打你要與拍檔連接，單打撚手招數不能完全發揮，心態一定受影響，容易失誤；我還見過有些組合默契不足，下風時會互鬧互怨。

我們瞄準對手連接的一點點 gap 位，乘勢大膽進攻。還有兩個關鍵位我搏了兩球，大轉身環迴落體 360° 擲鐵餅式拉球，好癲，但又真係得分喎！

唔信我咁勇全攻？我就逆思維偏偏全攻。**富貴險中求，幸福要大膽去攞！**

到我超額偷雞，無論用哪一套戰術，只要再取一局已可，那時他們才醒悟過來，為時已晚。

---

**偷雞** tau¹ gai¹【攻其不備】

**攞威** lo² wai¹【顯擺】

**唔信邪** ng⁴ seon³ ce²【事實擺在眼前，卻偏不肯相信】

**塘邊鶴啄啄下** tong⁴ bin¹ hok² dœng¹ dœng¹ haa³【比喻瞄準機會去得分】

**瓣瓣** faan⁶ faan⁶【每一門（學問），（事情的）各方面】

**Gap 位** gæp wai²【漏洞】

**好癲** hou² din¹【很瘋狂】

## 2006
# 金光閃閃多美麗

男雙決賽，面對從未贏過的馬琳／陳玘。

對，兩年前奧運奪金之戰（見第五章〈那一塊小小金屬〉）翻版。

下風還下風，我哋依然有火，依然拎出應有態度應戰。

**上得場，我就夠膽直講「我想贏你」，咁先係最大尊重，否則練習同埋比賽嚟做乜？**

**好似感情咁，你私私縮縮，點攞幸福。**

對手也很清楚怎樣壓制我們 —— 不是輕敵，是認為正常發揮，就能贏我們。

只不過，嗰個 moment 我哋上咗身，發揮得更好。

**競技體育就係睇邊個上身。**

乒乓有一個刁鑽的小三角位，近網、難發力、落點少所以對手易捕捉，只能強攻，要特別去練，也很難練。

對手比你強可以怎樣？既然輸是接受贏是驚喜，那就輕輕鬆鬆地 —— 視死如歸！

我們一向強於控制，今次轉換思維，唔夠位不如就索性封咗自己個位，一攝入去小三角位就起板，死就死！

忽然勇猛、一招致命，震懾對手！

最後一局還上演了長台對抽連得 5 分，完美演繹我和阿澤每日辛辛苦苦練習的成果。

最終我們贏局數四比二，勇奪金牌。

這一場賽事，我哋真係打出冠軍相，靈魂出彩。贏老對手，問心無愧。

成世人功力忽然匯聚此刻爆發綻放，招招快狠準，左飛右閃非常規動作亂咁嚟都打中，自己都估唔到自己仲「有」，哈哈嗰一刻**都唔知多謝邊個好。**

---

**私私縮縮** si¹ si¹ suk¹ suk¹【正字為「瑟瑟縮縮」，即畏首畏尾】

**上（咗）身** sœng⁵ (zo²) san¹【狀態大勇】

## 2006
# 輸波應該多謝我

拎金牌心情如何？

高興，但平淡。

這塊獎牌屬於大家，是替香港攞的。每一塊獎牌，
我要多謝上場的人、場上的人、體院和專家團隊、
香港各界的支持，以至國家隊讓我們隨隊集訓，還
有每一位對手。

那是國家隊在近兩年世界大賽中首次丟失男雙金
牌，但我相信他們也會多謝我 —— 唔係講笑！我將
半生的技術和經驗歸納淬鍊，化成最實用的一套技
術策略去戰勝他們，他們就多一個經實戰驗證的參
考案例，能從中分析、學習、超越。事實上此役之
後，國家隊也的確越來越難戰勝。

球員的實力，除了自己本身，所有對手都有功勞！

我們那代人，精神面貌就是如此：**尊重技術，
良性競爭。**

輸一場波，我們尊重別人更優秀這個事實，再以此為基礎提升和突破自己，好去迎接下一次挑戰。

所以我們高手之間感情這麼好！**論輸贏大家冇朋友做，但尊重技術就能長久交往。**

對現在的運動員來說，可能匪夷所思吧？但你想想，當年我們打出成績，令香港乒乓球隊躋身世界四強之列，是單單因為球員「想贏金牌」、「想做世一」嗎？不是。

成功源自對技術的執着，做到至善至美的執着，一點點失誤都不放過自己的執着。

如你只看到分數，不尊重技術，絕對無法笑到最後。

高光時刻人人都有，但觀眾在影片見到的幾秒背後，是我長期刻苦訓練和對技術的執着，那幾秒才會如此閃閃發亮。

**普通比賽講實力，頂尖競技看人品。**

執着追求技術不能給你獎牌，但能給你贏獎牌的能力。聽得明的話，即管多謝我。

## 2006
# 你今日中咗毒未

「哈！大難不死，必有後福。」

亞運奪金的一刻，其實我即時反應是：上天真待我不薄，凡是大賽都給我閃亮 moment，**中毒真係中得抵！**

係吖嘛，如 1997 那年沒有食物中毒，我成個性格和做人處事唔會咁接地氣，一直做人做事咁囂張，會死得好快。

短暫的成功不一定好。

你想想我在國家隊和全世界，見過多少更好天分更有手感的球員？天分太好就不刻苦，十五六歲就巴之閉，唔識個死字點寫。然後，一個波就輸唔起。

我真係見過有人輸一球就崩潰放棄，最後退出球壇。

好在中毒令我放低自我，重頭做起。

技術未夠好、未到頂尖，不要緊我後天努力！模仿天才擊球方式、理解強者打球理念，融入自己體

系，再在比賽關鍵瞬間呈現出來。

打波像做數學題，好難？唔識？咁咪坐定定，下苦功多做幾次，直至明白邏輯，一理通自然百理明！

如果你「以為」自己識，輕佻自滿、不屑努力，重視感受多於事實，最後一定被付出比你多、摸清竅門的人超越。

隨隨便便當然舒服，但打波邊有舒服㗎？**舒服咪輸波囉！**

**真正的舒服是戰勝困難**，證明自己是贏到高手的高手。

當你輕視現實，得過且過，現實也回報你以失敗；反之亦然。

**人生不可重來，你對世間萬物看法的角度，決定了回報的溫度。**

中毒中得抵 zung³ duk⁶ zung³ dak¹ dai²【中毒也值了、
也很划算】

係吖嘛 hai⁶ aa¹ maa³【不是嗎】

接地氣 zip³ dei⁶ hei³【踏實認真】

死得好快 sei² dak¹ hou² faai³【職業生涯短暫】

## 2006
# 「鋪排」引退

三十而立，自己都屬於大器晚成，29 歲奧運銀牌、
31 歲亞運金牌，先至終於覺得自己係「立」咗，不
負自己半生奮鬥和堅持。

講事業追求的執着和態度，捨我其誰！天分有高有
低，我不是絕頂天才瀟灑不起，因此每一細節都小
心翼翼謹慎處理，每一球都 chur 到盡死躁咬住唔
放，纏到對手都怕怕，覺得難贏你自然就放棄。如
此一路走來，目標才能一個一個實現。

**但人生冇話下下頂峰，我覺得自己
係時候回歸私人生活的追求，鋪排
退役。**

一來 2006 年我結婚了，打算生兒育女，就有了平衡
事業和生活的想法。運動員狂操式訓練消耗大，會
令體質變酸性，非常容易疲累；改善體質，也要花
好幾年休養。

二來是按歐洲式慢慢調節，操波不再是過往劇烈的
6-8 小時，而是正常的 4-6 小時 —— 年紀較大的運
動員減少技術操練、加大體能做 gym，是延長運動
生涯壽命的做法。

不過！我只係「鋪排」！

當時**絕對唔係諗淡出，因為想淡都唔得**，07 世錦、亞錦、亞洲盃，08 奧運、世錦，09
亞錦、東亞運，10 世錦⋯⋯ 港隊一直積極培育接
班人，亞運後香港多了人打乒乓，但都是為興趣居
多，投身運動員行業的人不足，本土水平未成熟，
青黃不接是事實。

2005 至 2009 年期間我仍然搏盡，世界排名維持
在事業最高峰的一字頭（第 1X 名），2008 最高第
十名。

老實講，唔係寫呢本書查資料，都唔記得原來我喺「鋪排」引退時期，仍然為大家攞了好些獎牌。承讓承讓（抱拳作揖）。

---

Chur 到盡 cœ$^2$ dou$^3$ zeon$^6$【「Chur」香港獨創字，有消耗、糾纏或拼盡全力（如熬夜趕工）之意，此處解死纏難打，與「死揪」、「咬住唔放」意思類近】

怕怕 paa$^3$ paa$^3$【害怕的強調講法】

下下 haa$^5$ haa$^5$【每一下都，每一次都，意即時常或經常】

## 2007-08

# 蠱惑紳士

亞運後，少咗同阿澤拍檔，試下同張鈺配。

對住傳媒放風，話係各國對手熟悉我哋打法啦、少

咗優勢所以求變啦，**其實！真相！係！**

為 2008 北京奧運鋪墊戰術（莞爾）。

當時征戰大賽少不了我們幾位老將，兩年之間存在

很多未知之數，所以教練陳江華就讓我、阿澤、梁

柱恩、張鈺四個，練到技術和戰略意識四個都咁

強，都要入圍，都可以搭檔。

沒想過自己會參加兩屆奧運，其實都心諗會係最後

一屆——**點知真係最後一屆。**

該屆奧運取消雙打項目，只有單打和團體賽，我們

男團小組賽輸日本，單淘汰輸韓國，最後八強止

步，得第五名。

男單我第九，阿澤淘汰衛冕冠軍的柳承敏，最後第

五名。

心情，輸咗咪安慰自己只係一場比賽，但始終有點可惜，我們是代表香港的嘛！

然而北京奧運的回憶還是很美好的，選手村安排妥當又特別舒適，我們乘專車到比賽場地，路上的車會自動讓路，市內氣氛熱情澎湃。見證國家發展昌盛，很開心。

一件小軼事，在球館外見到蓋茨，那時我獨自一人，他也是。我還認真考慮了半秒應否搭話（結果沒有）。

乒乓球在很多國家十分盛行，例如華爾街不少金融才俊，收市後唔係飲嘢就係打乒乓，又紳士又鍛煉腦力 —— 畢竟不是人人都鍾意大汗疊細汗打籃球足球欖球！

打完奧運，我**年紀大機器壞**，整體體能明顯下降，雖然波係練足，但漸漸適應不了比賽密度，感覺真的負荷不到備戰那種高強度訓練。

---

**紳士** san¹ si² 【乒乓於維多利亞時期的英國，是上流社會餐後消閒運動，貴族們叉住腰慢慢打】

**大汗疊細汗** daai⁶ hon⁶ daap⁶ sai³ hon⁶ 【汗流如注】

## 2009-12
# 趕飛機

我真正開始安排退役，是 2009 年。成績是保持到的，亞錦和東亞運取得男雙、男團季軍。

2010 年 5 月世錦賽，比賽未打完，我就由俄羅斯趕飛機回廣州，因為**女兒出世 :)**

然後，我的身體開始來教我道理了。

**長年累月身體超負荷過度消耗，是要付代價的。**

7 月埃及公開賽，我水土不服，由第一天開始肚瀉 —— 我瀉到要扶住牆才可以撐起身去打，一場一場捱到決賽。

自從 1997 年食物中毒，有了經驗我就小心很多；今次是沒有上次那樣又疴又嘔，才拼下去。

不過，思維好想搏盡，現實真的不允許！我從未輸過畀當時的印度球手，但這次根本手軟腳軟，直接 0：4 快快打完就算，拿了個男單亞軍。

一打完，頒了獎，我截的士奪命狂奔去機場，為甚麼？埃及航機一星期才一班，當時全隊人都已走了，就剩下我一個人去趕尾班機！

的士到機場，點知又去錯 terminal，要兜路，激死！最後 20 分鐘才 check-in，驚險到一額汗。

2012 年倫敦奧運，當時我的世界排名，已可入圍。我心諗，第三屆了，是我最後一屆奧運了吧？於是就想搏埋最後一鋪，攞個好一點的排名、證明自己價值，走去打資格賽。

## 誰知……

一到歐洲我就胃抽筋，痛到虛脫攤在床上，吃甚麼藥都無效。

本來，贏一場都入到圍，痛住打輸了兩場，就跌出名單了 👤。

**輸身體是不可抗力。**命運安排如此，**我正式退役，乘上了人生另一班航機。**

# 2009-12
# 退役

乒乓就是我生命，「退下」的心路歷程是怎樣的？

2009 年，我跟自己對話。

我長年在外比賽，結婚數年，太太默默支持，付出了很多。

30 多歲了，對球的領悟力越來越高，爭取排名再向前靠不是不可以，但自己有冇必要，繼續去到咁盡？

再往金字塔尖向上爭，就必須下更多的苦功，對此我的身體已很誠實，做 gym 時發覺是到頂了，我又不想勉強催谷。

來港十載，為香港作出了應有的貢獻，問心無愧。

**自古功名屬少年。我決定因時而行，順應天意。**

退役也要慢慢適應。由金戈鐵馬戰沙場的殺氣騰騰，慢慢轉為以平常心打出專業水平，不再搵命搏透支身體。

過新生活，培養打球以外的興趣，例如跟朋友學品茶。

不想自己語言無味，我去看中國文學經典作品，提高個人素質和文化水準。知自己內心未夠穩定成熟，個性完美主義，執着易怒傷肝傷神，我會看佛經佛偈，豐富思海、潤澤心靈。

2011 年到香港浸會大學修讀體育休閒管理碩士，增進專業知識，也認識了很好的老師和同學。

至 2012 年，這 4 年我真的經歷了很多，各式新嘗試、新思維、新文化，接觸大千世界芸芸眾生，跳出一個球員的認知，多了對生活的理解、對人性的感悟、對關係的取捨，**開始似返個普通人。**

**心以積疑而起悟，學以漸博而相通。**

漸漸地，我發現遇上技術問題時，好像反而更易想到解決方法了？生活上的問題，也不會像以前那樣「激心」。

當時的我不知道，這個 learning curve 原來是為我日後的教練生涯「早已預備」。

**去到咁盡** heoi³ dou³ gam³ zeon⁶【如此拼命】

**到頂** dou³ deng²【到極限】

**搵命搏** wan² meng⁶ bok³【以命相搏】

**似返個** ci⁵ faan¹ go³【像回一個】

❶： 2007 年，時任國家主席胡錦濤 6 月 29 日蒞臨香港，第
一站探訪香港體育學院的精英運動員。主席左邊黃衫小妹
妹係咪好熟面口？咪係李皓晴囉！

❷： 胡主席讚揚港隊於 2006 亞運贏得 6 金、12 銀、11 銅佳
績，乒乓孖寶很榮幸有份貢獻其中一面金牌。

❸： 太太和我兩個都鍾意大自然，2007 年 32 歲生日去了逛
植物園。自 2006 年結婚後，人生進入另一階段，我也開
始思考未來，平衡乒乓事業與私人生活。

❹： 2007 年 5 月，世錦賽男雙季軍。

❺： 2007 年 8 月 29 日，松下中國乒乓球公開賽，男雙季軍。

❻： 一向很清楚拳怕少壯，但其實心裏面都想衝多一屆奧運，
鬥志十足！2008 年 2 月 24 日世錦賽，男團季軍。

❼： 2009 年已幾乎淡出，仍為港隊贏到亞錦賽和東亞運的男
雙、男團季軍。攝於國家成立 60 周年香港代表團訪京
之旅。

189

第六章 無愧

# 靜哥 人生最不想遇到的 5位球手

## 孔令輝
### 因輸面大

大家師兄弟同一個師傅（尹霄教練），佢係天才球員，好多關鍵位令你打得好唔舒服，有時唔單止技術、策略擊倒你，連運氣都擊倒你，好激氣，三激！
無論係我自己定教球員，對住天才球員，要學習「從失敗中成長」，要識欣賞對方邊度好、多思考點樣破佢，然後只要把握好機會，都會有贏面！

## 劉國梁
### 打完傷肝又傷腦

又係師兄弟同一個師傅，大家都直板。佢發球、控制都好過我，我次次都下風。輸得多，但我唔係驚，反而多得佢，我對變化型、控制型選手研究多咗，自我學習、自我提升，面對呢種選手時就跟得上。要多謝呢啲天才球員（孔、劉二人）喺前方引領帶路！佢哋當打時期，唔會隨便輸任何一場波，拼搏精神好值得學習。

## 劉國正
### 正手對衝拉不過

師弟嘅正手拉球出晒名，點拉都拉到，我最欣賞佢可以將正手技術簡單純正地運用自如，最印象深刻是 2001 世錦賽男團對金澤洙，決勝局為國家隊扳回一分晉級，經典一戰為人津津樂道！1997 全運會曾經同 team（廣東隊），馬琳、劉國正、林志剛、李肇民和我，攞男團冠軍，五個都勁哈哈。

## 瓦爾德內爾
**估計接發球
出大問題**

前輩兼傳奇人物，發球特別出名，好似網球咁 ace 波多！其實我單打大賽未對過佢，只係喺俱樂部碰上過，近距離接觸就領略到佢嘅威力，真係妖魔級人馬，要用特定方式去接發球！

由佢身上，我學到「特事特辦」。國家隊幾代都接唔到佢發球，其實唔應該用正手，用反手推起，穩健性和技術含量會更好。我同佢打，贏一次輸一次，第一次我都冇眼睇自己⋯⋯佢嘅技術好有藝術性，我欣賞之餘用心去學，好高興由天才人物身上學到少少嘢，少少嘢都夠小李子行走天涯。

佢又係來自廣東，我唔係偏幫⋯⋯。新生代，有力量又有技術。佢十五六歲時，見佢好低調，諗唔到係咁爆炸型選手！好欣賞佢做事做人都成熟穩重，乖乖仔，又係全方位人才。未來係佢哋（新生代）世界㗎啦，我作為老前輩就多講一句，控制方面佢可以向馬龍多學習。

## 樊振東
**技術太爆力，
估計被虐慘了**

第七章　超越
2013- 今

出任香港女乒主教練，帶領新一代披荊斬棘，再登奧運三甲寶座。

**2013** —— 出任港乒女子隊教練，帶領球員贏得多個「第一次」
亞錦賽女團亞軍、女雙季軍

**2014** —— 世錦賽女團季軍
韓國青少年公開賽女雙亞軍、女團季軍
仁川亞運女雙季軍
國際乒聯職業巡迴賽總決賽女雙季軍

**2015** —— 亞錦賽女團季軍、女雙季軍

**2016** —— 2015 世界青少年巡迴賽女單冠軍
亞青錦標賽 U18 女雙冠軍、女團季軍、女單季軍
世界青少年錦標賽女單銀牌、女團銅牌

**2017** —— 2016 世界青少年巡迴賽女單冠軍
亞錦賽女團季軍

**2018** —— 世界盃、世錦賽、雅加達亞運女團季軍

**2019-2020** —— 女子及女青隊於各公開賽均入三甲，橫掃數十面獎牌，
包括 2019 西伯利亞公開賽女雙金牌

**2021/8 月** —— 2020 東京奧運女團銅牌

**2021/10 月** —— 亞錦賽女隊 1 銀 3 銅，包括女雙銀牌、女團銅牌

# 金句王

2021 年 8 月 5 日，2020 東京奧運乒乓球女子團體銅牌賽對德國隊，香港隊先輸一場雙打，後直取三場單打，場數贏三比一勇奪銅牌，是港乒史上首次全本地球員陣容贏得奧運獎牌。

多得傳媒朋友非常畀面，慷慨地以教練金句作報道，我現在帶隊出賽過海關，都會有人叫我「金句王」。

回首 10 年前的 2011 年，我開始轉型。夜晚讀書，日頭在港隊兼職教練，男子、女子、男青、女青隊都教過，彳亍咁轉。

兼職主要梗係為錢啦哈哈（不是）。

其實轉型後何去何從，我很李靜地考慮了兩年，**並非一開始就打算轉做教練，甚至婉拒過一些邀請。**

我打波都係一次過諗好每一局 1 至 11 分點打，更何況這是我的人生！當然必須認真地諗過度過。

考慮的包括未來發展方向、如何善用自己的能力和
人脈資源、個人性格的優點缺點、興趣，還有最重
要的家庭、健康。

當然，與乒乓相關是最自然的，畢竟是自己專長和
嗜好。

回心一想，我做教練的 training 早就開始了。當年在
國家隊不是主力球員，我會很用心、很珍惜地聽（或
偷聽）每一位教練的指導和教誨。多少次比賽遇上難
關，那些話閃過腦海，真的幫我解決了問題！

平日與業餘朋友打球，我依着教練方法，幫朋友調
整擊球 timing、動作、步法，他們就會有很大進步，
還會超興奮地告訴我說贏到未贏過的老對手。

中國出咁多世界冠軍，豈是偶然！單講一個擊球感
覺，頂尖打法都有 4、5 種，句句教誨名副其實含金
量極高！

**金句不是我一人**，是無數智慧的去蕪存菁，再隨各人各自印證與感悟，經歷詮釋與再創造，最後……濃縮為幾粒字。

幾粒字都唔傳承下去，太浪費了吧！

---

**畀面** bei² min²【給面子】

**日頭** jat⁶ tau²【白天】

**彳亍咁轉** cit¹ cœk¹ gam² zyun³【彳亍正音 cik¹ cuk¹，形容忙忙碌碌穿梭不同地方】

**諗過度過** lam² gwo³ dok⁶ gwo³【度 = 量度，意即仔細考量】

# 教女隊？！

2013 年，乒總余主席邀請我接替榮休的李惠芬前輩，出任香港女子隊教練。

我第一反應，就是一個超～級大問號。

## 嘎？我教女隊？

以我遠近馳名的剛烈生猛形象，大概 —— 我就是猜的 —— 大家都覺得我比較像會教男隊？

教練團隊新舊交接是一件大事，冇諗到老細咁大膽起用我。

那時候我已兼職教波近兩年了，發現做教練都幾有意思。

發揮自己特長和餘光是其一，同時也看到香港球員的天分和潛力，還有，堅係戥佢哋唔抵，其實一些小惡習、小毛病，改一改就可以好大進步。

我開始有計劃地去看一下青少年隊的訓練和比賽，記住每一位球員的名字、特點、打法模式和戰術。

我發現，香港球員不是不勤力，相反他們的勤力不成比例地多！試想想，對比某些國家的隊伍，獎金根本是唯一生計出路，所以球員為搵食不得不拼死一搏，或者反過來政府超級大力支持投放過億資源、人人爭住（想）做年薪千萬體育明星⋯⋯而在環境相對安逸、全職運動員不算熱門職業的香港，球員也同樣天天出席練波、偶爾拿拿獎，根本就係超額完成！

只是若要坐穩世界四強位置，單靠天分與勤力，不足夠。

**競技體育的勝負關係，係自己同自己鬥，鬥贏自己就同天鬥。**

如何培育每一位球員**對乒乓的執着追求和尊重**，自發日復日、年復年地超越、否定再超越自己，不服輸不怕苦不斷磨練技術與心性，是港乒發展最大課題。

成長中、拼搏中的球員是有的，我有信心只要為他們指出正確方向、在旁加把勁推一推，他們就能爬升得更快。

於是收到擔任教練邀請之時，我決定以退休年齡 60 歲計算，**每一代 5 年，我要用 15 年，為香港培育三代球員！**

---

**老細** lou⁵ sai³【老板】

**堅係** gin¹ hai⁶【真係，真的是】

**戥佢哋唔抵** dang⁶ keoi⁵ dei⁶ m⁴ dai²【替他們不值】

# 膽生毛

昔日自己加上隊友和教練一起做到過，讓香港隊在國際賽中佔四強席位，所以我相信我的球員也能做到。

**見到幸福要夠膽攞。**

然而，當初一做教練，發現一大奇觀：球員不怕輸 —— 是對輸贏都麻木、好啦輸給這個強敵都正常啦我認命啦的那種「不怕」輸。

上到金字塔尖，與世界最強隊伍硬碰硬有贏有輸是必然，但認為輸給強隊很必然，就好大問題！**好似老公係自己揀嘅，唔好都逆來順受？！**

我冇老公我唔明。

覺得失敗理所當然，不去尋求解決問題癥結方法繼續「做自己」，這不叫膽量，這是逃避現實！

**膽量，來自視野。** 觀摩、參考、理解國際強隊的做法，不斷融合現代打球新理念新思維，不斷

深化對擊球原理的體會，不斷苦練。**「不斷」是重點。**

回想最初，球員好細膽，譬如叫她們壓板角度多 1cm，她們都覺得誇張；其實直接用 1 秒鐘去試，就能發現擊球更準更穩，贏的機率自然增加。技術的微精細進，就是如此妙不可言！

平時**自發**多學多睇，累積技術知識，腦內儲起更多解決方法，那麼面對強敵和難關時自然不會怯場。

**膽量唔可以成日靠人哋畀。**

努力改良技術，令自己夠膽相信自己，也夠膽相信夥伴。

競技體育的美好，在於教曉人怎樣**堅強、堅持、堅信。**

你見過團隊比賽時，明明處於下風，但其中一名球員表現搏盡士氣一振，令球隊反敗為勝的例子嗎？

**勇，不是為自己的血汗淚，而是為不枉每一個付出過血汗淚的人。**

擁有敢信敢擔當敢包容的強大責任心，那麼不止團體賽，就連單雙打都會打得更好；不只打球，生活上待人接物，亦會因此得着。

我自己親身感受過團隊互助互勉的溫馨，經歷過信任與被信任令自己變得更強，誠意推介大家一試。

# 女團教主的笑與淚

教練工作是怎樣的？

上午安排訓練計劃，傳授擊球理念，加以糾正、提醒和建議。

下午派球，針對球員個人球風，目的性地派高低輕重和旋轉變化不同的球，讓她們直面、克服自己弱點與各式攻防挑戰。

帶她們回內地訓練，適應特種部隊的高水平和肅殺氛圍；打很多比賽，見識各種打法節奏，累積實戰經驗和智慧。

個個女仔的打法和情緒特色都不同 —— 有人開心時打得平穩啲，有人嬲時出手果斷啲，有人一下風就一塌糊塗，有人遇到困難鬧一鬧先回魂。

設計訓練計劃時，我**用盡她們的喜怒哀樂**，加上我對球、對手和對手教練的理解，為球員度身訂造計劃，每個計劃都獨一無二。

教波，大至怎樣用步法和重心，小至手指用邊條專業肌肉才能發力，逐樣去教。

最初她們未識用肌肉發力，我派了 200 球，她們就手抽筋。

有次在成都，派球，兩個球員分別都把球打飛，都正中我眼下方，連續兩球同一位置！打到個嚿肌肉抽搐咗 10 秒！我痛到標晒眼淚，佢哋就卡卡聲笑到碌地。

之後我添置器材時加了兩副運動眼鏡。嗯身體髮膚要愛惜。

笑還笑，作為教練，球員個人生活裏追求舒適我絕對尊重亦不干涉，**但訓練我絕不允許舒適，要改的弱點，我指名道姓要你改。**

被人指出錯處，很多人即時自然反應是否認甚至反擊，但且慢 —— 你的錯不是我「發明」出來的。

我每天踎在球室看錄像，找出每一位球員的技術問

題，是辛辛苦苦才得到，是有根有據的「發現」。

説／罵我嚴格也好、挑剔也罷，技術上錯就是錯，自欺欺人不切實際。作為教練，我 push 你追求極致，就好似做生意，賺錢就要賺到極致。

你練波辛苦輸波難受有情緒，我體諒你有何難，但你猜猜，對手和對手的教練會否體諒你？

**無情的不是我，是競技體育，你自己選擇的事業。**

每個細節做到最好，一切盡在掌握，難受的機會就會少一點了。

---

**回魂** wui⁴ wan⁴【回神】

**未識用** mei⁶ sik¹ jung⁶【識 = 懂得】

**標眼淚** biu¹ ngaan⁵ leoi⁶【冒淚】

**踎** mau¹【蹲，比喻長時間留在一個地方】

**Push** pʊʃ【督促，催逼】

# 下一個奧運

執教後，球隊屢創佳績、刷新紀錄，例如我帶隊首戰 2013 亞錦賽，暌違八年再創佳績，這人生的第一次我特別記得：前團隊種下的功勞、軍心大振我受惠，十分感恩。還有大家印象深刻的 2020 東京奧運，創女隊史上最佳奧運成績等，不能盡錄。

**成績就是最好的答案。**

我一開始就矢志培育三代人，唔係得個講字，李皓晴、吳穎嵐兩個半代、第二代杜凱琹，第三代蘇慧音，第四代而家搵緊哈。

當時計劃每一代用 5 年，多得奧運，令實現時間推前了一半！

畢竟還是**要靠在如此大型的體育盛事中獲獎，讓大眾「看見」我們。**由球員作為青少年的正面榜樣，由教練去印證教學方式是正確並達致國際水平，才能點燃社會各界熱情；有了廣泛的認受性，才能推動運動的長遠發展。

展望 2024 年的巴黎奧運：現役，保持主力球員在比賽中的競爭力；未來，按計劃培育新星接班人。整個教練團隊分工合作：總教練負責策略鋪排和準確用人，我是技術擔當，女教練則多點人性關懷情緒支持，大家各自發揮自己的特長和風格，百花齊放。

我側重技術，一來大勢所趨，二來實際需要。

中國近 20 年流行講「女子技術男性化」，即對擊球技術、搶攻意識和自信心的要求。

「男性化」不是說要做到男生的兇猛狠勁 —— 男女生理結構不同，肌肉和力量強度一定不一樣，勉強看齊脫實際。

重點在「技術」二字，對擊球原理、時間、角度、部位、精準度和用力方式的理解。

其二，明明天分不錯日日練波的球員，出賽成績卻反反覆覆時好時壞，為甚麼？

打波一埋牙就知高下，每一球都 1 秒定生死，你某
個技術做唔到或慢 1 秒先做到，比賽時就有失準和
誤差。

技術，必須練到爐火純青，成為身體自然反應，要
用腦諗 1 秒先出手都已經太遲。

---

**擔當** daam¹ dong¹【追星用語，指主力某範疇之人，主
理人】

**埋牙** maai⁴ ngaa⁴【比喻開始對壘，開戰】

# 企都有步法

技術教學重點之一：提高球員的**領域**。

甚麼是領域？世上每位頂尖球員，都有自己的獨門絕技，那領域神聖不可侵犯，一劍封喉，不容你隨便挑戰。

說到底，基本技術大家都有，在金字塔頂層，比的就是絕招。

例如正手是我的領域，我用正手得分贏波挑你機，強到對手望而生畏，不敢涉足。

理論是按部就班地教，正手拉球也有很多種，各有不同竅門，如正手拉球後蹲後，或正手拉球後退後而保持重心。

體會擊球感覺會獲益匪淺，如光是模仿動作，則舉步維艱。發力打高球，再吸短球，一進一退，組成一對，形成簡單實用的得分組合。

女仔本身力量沒那種猛和重，**控制亦應以輕為主，旋轉反而是其次。打球不能只看第一板，好好摸索第一板的輕，命中率高啲，第二、三板才容易跟。**

另一領域：步法。我的速度能在世界球手之中位列前三，是我將前輩教導融合自己多年實戰經驗，而且，唔係講笑，連企都有步法。

步法為何重要？每個球打過來，timing、角度都不同；步法快，才能以最短時間移至正確位置，實行自己腦內想做的相應對策，與得分息息相關。

**步法不單單用腳，而是整個身體做主導、手腳做配合。** 每秒變化的接球位置和下一步動作，意味着你要擅長使用膝蓋、大腿和胯，一次又一次移動重心，同時保留體力，兼要避免受傷。

要快就要懂卸力，你整個人 100 斤撲前，就要用
100 斤的力才能再移動或急停，如果懂得只用 50 斤
的力，那就快一點、輕鬆一點，受傷機會也少一點。
拉板也不是只用手，只用手你一兩板就冇力！你要
像扭毛巾一樣，身體中心為軸，整個人扭動才更有
力量。

# 小小 Sorry

如果揀一個李靜 signature 動作，我揀贏波時振臂歡呼。

一般人想像中的教練就是沉穩成熟沒表情，其實老教練們現場少說話，是因為平日訓練和賽前準備已講好多，場上就不多說了，這樣球員的腦袋會清晰和專注一點。

我一向是拼命三郎、有責任心，做球員好做教練也好，**我有我 style，不需要掩飾真性情。**

當然也因情況而定。有些球員懂得自己享受比賽，我輕輕在旁加油就好；有時我要生猛點，激活球員的求勝欲，這是實際需要。

打得好讚，打唔好媽叉，呢啲叫賞罰分明，唔係我特別激情。

唉好啦，為了激活球員的動力和意識，可能有時用詞激啲、直接咗啲，或者語氣比較有我個人色彩，

不太符合球員生活水平要求的氣質，都在此同球員
講返聲 sorry。

如果你們能略過「語氣」和「情緒」，將討論「內容」
銘記在心，**我的小小 sorry 換你的大大得
益，值。**

做教練不談個人觀感。教練的責任是球員面對技術
難關時，立即指正，提出實用的解決策略。

以前在男隊，我不時跟自己教練吵得面紅耳熱，但
大家都知道是基於專業技術以事論事，轉個頭又會
攬頭攬頸。

討論技術，不就應實話實說，目標為本嗎？

教了女隊，才發現情況真有點不同。策略有冇用、
成績會證明，但語氣和說話方式也的確會影響接收
能力。

轉眼執教 9 年，我自己也調節了很多。

一開始仆心仆命想帶領球隊精進！向上！

這些年溝通多了，對球員脾性了解更深入了，明白到這一代有這一代對事業和生活的想法，我也包容點、平淡點。

**我不能將自己對技術的執着植入別人的思維，咁同喺人哋荷包攞錢一樣咁難。**

但總之，為你振臂歡呼時，是真心；恨鐵不成鋼話你時，也是同一個真心。

---

**媽叉** maa¹ caa¹【責罵】

**激啲** gik¹ di¹【激烈一點】

**攬頭攬頸** laam² tau⁴ laam² geng²【形容感情好】

**仆心仆命** puk¹ sam¹ puk¹ meng⁶【費盡心力】

**喺人哋荷包** hai² jan⁴ dei⁶ ho⁴ baau¹【從別人錢包】

我形容靜哥是一個為乒乓球而生的人，不論在車上、飛機上或走在路上，他都在鑽研乒乓球。感恩在我的職業生涯裏遇到一個如此盡心盡力的伯樂，祝願在靜哥的帶領下，乒乓球隊能夠更上一層樓。

李皓晴

香港隊女乒球員

# 主要矛盾

教練心得：**找出主要矛盾和次要矛盾。處理了主要矛盾，一切迎刃而解。**

球員訓練重點，因人而異。有人是技術難題，有人是心態騰雞，有人需要別人的讚賞和鼓勵才容易發揮。

我作為教練，為球員判斷主要矛盾，針對性處理，球員得分成功概率增加了，自然更有自信，也成長得更快。

如何「判斷」？**個人實力，後天努力。** 每天觀察、思考、學習。我也看很多書、參考前輩和同業，結合歷練與知識，以辯證思維用心分析，養成尖銳的洞察力和判斷力。

例如，打唔中個波，很明顯就是技術問題；打得中但唔敢出手或一上場就跌 watt，是比賽時腦裏有太多天馬行空的想法；不夠體力，是平時懶鍛煉。

當然，實際情況往往更錯綜複雜 —— 無論是分析還

是處理過程，牽涉的可不止一教練一球員！單在球室內，就有球員與教練、球員與其他教練、球員與其他球員、教練與其他教練。

場上，又有客觀因素如觀眾和裁判。更別說個人生活中的親朋戚友，甚至是網上朋友、網上聲音、網上資訊⋯⋯了。

悠悠之談，宜絕智者之口。**教練的價值，體現於有知識找出主要矛盾，有見識忽略雜訊，有膽識及時提出並切實執行解決方法。**

教學用家是球員，解決矛盾的方法以至用語，都因球員而異，絕對不簡單。

因此，也會發現自己的不足，例如被一些次要矛盾干擾、偏離了成功的初衷，這時候就要勇敢面對，及時媽叉和修正自己，重新搵返個矛盾位。

以前做球員要超越自己，**現在做教練既要超越自己，也要幫球員超越自己。**

我不介意為此多花心思多費心神，當初說要培育三代人，說到就要做到。在這利益、樂趣、成效都求速食的年代，**不忘初心，言行一致，最值錢就係呢幾個字。**

騰雞 tang⁴ gai¹【驚惶失措】

# 你的笑容

無論是當年轉橫板，還是中毒後的低谷，訓練時每覺難捱，我就跟自己對話：係咪想改善自己？係！咁，繼續。

**堅持，全因瘋狂的求勝心，令自己永不滿足現狀，再苦也甘之若飴。**

競技體育，從結果來看是瞬間成敗得失，從過程來看是承受無數瞬間成敗得失；唯有勝不驕敗不餒地堅持精進，直至強大得你能信任和依靠自己，方能走這荊棘之路。

不要覺得這是甚麼勵志呀追夢呀之類的漂亮話，

**「贏自己」純粹是職業運動員的基本職業思維。**

時代轉變，乒乓世界也在變。撇開科技或新一代球員的精神面貌等不說，簡單如賽事規定的球尺寸變大，已直接令球員正反手力度必須加大。

自然，教學模式亦須與時並進 —— 進要進得快，邊
個行先，邊個飲頭啖湯！

例如球員信任科技，教學就不能紙上談「乒」，要用
數據支持。球員**偶然**撞彩打「好」一球，我就反覆
看錄影數十次，將一個「好」字分析為板型、入位、
角度、方式等，化成一個命中率更高的得分手段方
程式，讓球員理解、吸收並反覆練習，直至**偶然
變必然**。

問題來了，最常見的技術難題，永遠不會即時解
決。舉個例，你打不中某種球，再「立即」調節，也
可能一天甚至一個月依然打不中，因為每次技術轉
換，用的肌肉都不一樣，不會一練就練好。

習慣便捷生活的小朋友，甚麼都一蹴而就，現在「長
期」打得唔好，會冇 mood、黑口黑面、內分泌失
調 —— 唔係比喻，專家都話挫折影響身心，每個想
進步的人都必經這階段。

身為教練，是獨自跍在球室看幾千遍錄像設計針對性訓練計劃也好，是就算你不聽都照樣苦口婆心「哦」你也好，總之**能讓你明白如何打出必然，回復笑容，我就心足了。**

改良技術，增加笑容，不要讓技術改變你的笑容。

---

**頭啖湯** tau⁴ daam⁶ tong¹【第一口湯，比喻搶佔先機】

**哦** ngo⁴【依依哦哦，即嘮嘮叨叨】

# 防傷是王道

防範傷患對球員來説，至關重要。

做運動員就是提前透支身體燃燒生命，同一個動作做十幾廿萬次一定勞損，很多著名運動員都是因傷患而成績下降或被迫引退，不贅。

細個時，傷得最多是腰、胯，是練習次數太多、打球時用太多力導致勞損。

後來由正膠改弧圈，就多肩傷。

到有一定水準，轉橫板因為半途出家、肌肉力量屬邊學邊練，較多手腕勞損。嗰陣搏命練，練到手腕、腳腕要打兩支封閉針。

乒乓球員，手則常揮臂，腳則常來回跑動急停，傷患也集中在膝蓋、手腕、手肘、腰和肩頸，都是關節位。

打乒乓球想減少受傷，不止講動作是否正確，還要講槓桿原理，講技巧和合理性，要**苦練 ＋ 識練。**

**擊球**重點是要懂得卸力，或借力發力。你可能會驚訝，但其實發力時講求放鬆，將全身力量集中在身體一個點，如揮鞭般打出去，全部力發到球上，然後流暢地收回手，每一球都如是。

如不懂這樣發力，夾硬用蠻力，等同踢空氣，發出的力回嚙自己硬食，愈大力傷得愈快。

**步法**同樣重要，於高速跑動中平衡控制，講求重心交換的技巧，否則易傷膝蓋和胯。

久病成醫，我在球員年代已深明傷患少是王道，一練完波就拉筋，book 體院的相熟醫生按摩保養專業部位，平日也自發勤力做 gym 強化不同部位的肌肉力量，絕不偷懶，真係由此悟出**做乜都要勤力，包括放鬆！道理等同：你識工作唔識休息，就係唔識工作！**

現在做教練，我也很在意球員擊球的用力方法、步法的重心交換，還有練波後拉筋動作的細節、應按的筋鍵和穴位等，短短十秒八秒，長期做可以延長職業壽命，真係超超超重要。

現在科技和醫學發達，預防傷患的方法、器材、醫藥和知識更多，但意識，還是要身為教練的我常常提醒。

不止專業運動員，今時今日運動風氣愈發普及，大家做運動時也要記得，**積極防預傷病等於積極訓練**，防傷和訓練缺一不可！

---

**細個時** sai³ go³ si⁴【小時候】

**嗰陣** go² zan²【那時候】

**封閉針** fung¹ bai³ zam¹【職業運動員常用的封閉療法，將藥物注射到痛位，將痛楚「封閉」，故名。】

**夾硬** gaap³ ngaang²【勉強】

**硬食** ngaang⁶ sik⁶【硬着頭皮獨自承受】

**Book** bʊk【預約】

# 球意境

乒乓好奇怪，怪在**心情好就運氣好。就算技術稍遜，但如「意境」高，仍可能平手甚至贏。**

球「意境」，聽上去玄妙，實則實用為本，完全是針對球員個人的打法需要而設計。

球意境三分法：一為手法，合自手形；一為步法，適自身形；一為心法，以心御球。

手法、步法，靠訓練。我會依據比賽對手慣性球路，set 一些比賽上會產生的球，讓球員儘早熟習高水平球手的旋轉、力度、套路等。

我還不時模仿球員去擊球，親身了解她們的感覺，從而找出她們主要和隱藏的得分技術。

擊球命中率高一點，勝負關鍵位置練多一點，臨陣難揑狀況揑久一點，贏面自然就大很多。

至於心法，練球商。鬥志夠強則球隨心走，想個波去邊就去邊，想有篩就有篩，想輕就輕、重就重；險球剛剛好擦邊擦網得分，或是關鍵時刻搶回一兩分，以氣勢扭轉局勢。

有時看比賽，球手臨場預判性奇準，球未落，身已移至相應位置，似看穿對手，如有神助。這就是意境高的效果：心念專注，腦筋專注，夠膽果斷出手，氣場壓垮敵人，加起來，就是一股超強的取勝能量。

我說的膽生毛，我自己本人就是膽生毛，面對國家隊我夠膽贏 —— 有甚麼好怯的？我盡全力應戰，是對自己事業、球隊和國家負責任，也是對對手的最大尊敬，大家打得開心；我下風也出奇制勝，為觀眾和同業呈獻一場峰迴路轉、精彩刺激的比賽，大家看得開心。

**你夠膽挑戰高水平,你先去到高水平。**

你不能因對手 set 下波、拉一球勁少少,你就軟腳蟹!愈是逆境,你愈要 chur 到盡咬住不放發揮韌性,其實,真的,捱一捱就過到。

自在不成才,成才不自在。

**球如人生,哪有永遠順境?捱得過困難,方為人上人。**

---

**有篩** jau⁵ sai¹【篩,即球的旋轉】

**軟腳蟹** jyun⁵ gœk³ haai⁵【比喻腳軟,即怯場、膽怯】

2021
# 霸氣

2020 東京奧運，最驚心動魄也最值得記念有兩場賽事。

第一場是，準決賽對日本。

這一場「被」落花流水，不止是技術上被擊倒，心態、士氣亦如是。

主要矛盾：訓練戰術佈置錯誤，忽略了第一板爭搶。臨場教學變化亦無補於事。

**第一板爭搶**，即第一板加快速度、加快起手進攻比率，是一種需要在平日針對性練習、在特定環境以攻對攻的指導思想。

作用，一來先聲奪人，震懾對手、打亂對方戰術體系，二來自己進入主動狀態，有心態支持才會忘記壓力，忘記壓力自然打出風采，甚至突破自己。

心理學家指，在奧運這種高水平大賽，很多球手都會比平日保守，甚至跌 watt。所以，對方即使上風，若他只打出六、七成水準，而自己打出九成，就有爭勝轉機。

日本隊進攻、控制都有獨到之處，我們本來就是下風，沒有大膽利用第一板爭搶，氣勢回落影響士氣，之後的球員也 hang 機，**好似捉棋，一步蝕底，步步蝕底。我就好躁底。**

當晚賽後檢討，各教練和球員都有不同意見，大家「討論」得非常激烈。

作為主教練，既然我找出了主要矛盾，就立即直奔解決辦法，此時此刻，實在沒閒暇去講究語氣衍辭呵呵氹氹面面俱圓諸如此類，否則永遠行唔到下一步！

你話想技術練熟先用，X，咁不如直接叫對手棄權，講呢啲！

還講甚麼留前鬥後平常心？都努力練習了這麼多年，終於來到奧運了，此時不瘋狂 show quali 待何時？

我：照做，唔傾，完。

我是霸氣不是霸道。簡單邏輯：既然技術理念有偏差不穩當，產生不良反應，咁解決咗技術咪 OK 囉。

我的解決辦法是否正確？**你唔使信我，你信我曾經贏過獎牌嗰一套辦法就得。**

---

被（落花流水）bei[6]【「被」的新穎用法，強調被動與無奈、無助感】

Hang 機 hæŋ gei[1]【電子器材死機，比喻腦袋一片空白，全無反應】

蝕底 sit[6] dai[2]【吃虧】

呵呵氹氹 ho[1] ho[1] tam[3] tam[3]【逗，哄人開心】

留前鬥後 lau[4] cin[4] dau[3] hau[6]【保留實力】

講呢啲 gong[2] ni[1] di[1]【說這些話，香港潮語，常用作回應傻話】

Show quali ʃəʊ ˈkwɒlí【Show quality，香港獨創用語，意即展示實力】

# 2021
# 10隻手指公

東京奧運難忘的，還有銅牌戰對德國。

前一晚大家意見碰撞，當天朝早氣氛仍有少少詭異，但我直接略過不理，先專注於催谷戰意，讓團隊失利後在短時間內重拾信心和士氣。

其實去抽籤時，一抽完，我同阿澤講「今日贏啦」。

當時阿澤都愕咗然。

是直覺，也是中肯！我們整個團隊，由教練到陪練球員，人人盡心盡力，出賽球員也非常專業有實力，只要解決了主要矛盾，有乜可能唔贏？

說香港球員有技術實力，不是我偏心，技術這回事，是我親眼看着球員如何每天點點滴滴練返嚟，有贏過國家隊同齡對手，呃唔到人，唔使呃。

你有一定實力，對手也有一定實力，比拼就在精神層面 —— **戰意**。

一般人入圍都當贏咗，但我們職業運動員，咁辛苦

嚟到奧運，不是來表演淡定，是要狼死殺敵！

當然啦比賽也為體現自己多年努力，但你總不能齋努力、唔收穫！何況第四已是好好成績，無後顧之憂啦，已經冇得再輸了還矜持甚麼，阿女們，真的是最後一戰了！

球員好像忽爾諗通了，突然來電。

上一場理念偏差，下一場驚天變化。

對德國是逆境波，第一戰雙打就輸，但已盡力了不要緊，球員隊友間互相扶持，保住士氣冇跌 watt，氣氛截然不同。

然後三場單打，我看着球員，她們真的變了另一個人，真的摸到了球意境。怎麼説好呢？她們的狀態，冷靜得來又興奮，由身體到內分泌都好主動調整自己，每一球都搏盡，判斷正確，技術也達頂峰，完全打出自己身價，境界好忘我。

**如果有 10 隻手指公，我要用晒嚟 LIKE 佢哋。**

這第一板爭搶的效用，自然也入了我腦裏的數據庫
之中。

**奧運最大感悟是，我親眼見證，球員
個心有幾大，以及在壓力下可以去到
幾盡。**（所以唔好再呻我平時訓練鞭策你哋）

還有，真係呢，點解只差 24 小時，兩日賽事可以一
個激心、一個激動，好似兩極咁大對比？

個反差真係……奧運以好結果收官，幸運的我，幸
運的人，幸運的香港。

請各位關注教練心臟健康……

---

**手指公** sau$^2$ zi$^2$ gung$^1$【拇指】

**狼死** long$^4$ sei$^2$【又狼又猛】

**齋努力** zaai$^1$ nou$^5$ lik$^6$【光努力】

**來電** lei$^4$ din$^6$【通電】

**呻** san$^3$【埋怨】

靜哥是名很有目標，有理想的人，而且會對自己的目標貫徹始終。他對乒乓球是滿腔熱誠，自己有的體會總會第一時間分享給我們。

靜哥在過去 8 年對我苦心栽培，經常超時的加練，不斷推動我往高峰前進。靜哥在技術上面非常執着，我們會因此發生許多磨擦，但也許就是他這份超乎常人的執着，他領着我們走上了體育生涯的巔峰，創造了奇跡。

蘇慧音

香港隊女乒球員

# 格局

我這一代,正好見證着運動界思維和價值觀的變遷。

1980 年代至千禧年代,是榮譽年代。

昔日國家隊前輩,球員和教練收入不高,一心就是為國家榮譽而戰。無數無名英雄和傑出人才,為事業獻身努力奮鬥,退役了繼續以文字和身教,將理論代代相傳。

隨着時代變遷,經濟起飛,各種運動的獎金開始提高,配套和制度慢慢改變。九十年代開始職業化,至千禧年代由成績帶動商業價值,開始了金元年代。直至今天又科技又營養又按摩又情緒輔導,運動世界也拼錢拼資源。

香港發展為今天的國際金融城市,商業行業吃香,玩運動被視為玩票性質,有一段長時間,很少年輕人選擇投身職業運動員這行業,直接令教練的社會地位都不及其他地區;球員一開始比較難教,花好多心機。

不要緊，我不介意，我是在刻苦環境中捱過的人，可以與你同甘苦共患難。

有時球員質疑我的技術理論，或者在我示範動作時半開玩笑地說「哈教練你都做唔到」，我一笑置之。我的責任是做好自己，我的要求是球員做好自己。

## 你能超越我、做到我做不到的，我求之不得！

我的技術構思，建基於世界冠軍級的老教練和國家隊師兄弟分享的成功理念，還有自己昔日犯過的錯，失敗情景怎樣即時破局解決，大量的經歷和領悟，沒有文字見證，都由我用心記住，消化了，將複雜的簡單化才再教給你。

所謂教學，就是一個願教，一個願學。你不「願」我不勉強，但我也不會因此懷疑自己。

有時在訓練中解決不到，我會心急，到比賽現場立即強硬糾正，真係心血少啲都唔掂，但冇計，臨急

抱佛腳都好過唔抱。

球員是主動方、教練是調動方，雙方心境不同，碰撞後有不同化學作用，不能苛求一定完美。

**做教練，贏在格局，輸在計較。不為自己，只為球員。**

---

冇計 mou⁵ gai² 【沒辦法】

**①、②**： 2018 雅加達亞運女團銅牌，為港隊培育的「第三代」
有了成績，扮淡然其實好開心。

**③**： 2020 年 1 月葡萄牙舉行的東京奧運世界團體資格賽，苦
戰強敵終於取下女團和兩席女單共 3 張入場券，真開心
moment！

**④、⑤**： 成為教練是一個契機，既讓我個人繼續成長，亦給了
我機會將人生體驗分享給更多年輕人。攝於東奧後某
地區分享會。

**⑥、⑦**： 2021 多哈亞錦賽，帶領隊員贏得女雙銀牌、女團及
混雙銅牌。

第八章　半生

李靜視角，

由乒乓到生活，

從球品到人品。

# 教練心

## 介紹返，世上最讚職業：運動員。

我發覺，球員真係比普通小朋友陽光好多（性格開朗），而且器量大啲（沒那麼小器）。

兼顧運動和學業，球員有多辛苦我全都看在眼裏，心入面好欣賞佢哋！不過始終，**教學要從難從嚴**，好話講太多、教學就不到位，有時真係要硬起心腸特登窒下佢哋，糾正佢哋心態。

只要心態正確、承受到壓力，他們就會成長得很快。**好似彈弓咁，愈壓得勁就彈得愈高**，技術、體能和思維的鍛煉亦然。

例如練肌肉和力量，必須要極大運動量配合適當的康復，**唔去到盡就冇效果！** 技術都一樣，要榨到你乾晒，一直去 push 你，逼到你習慣不斷向**上向上再向上**！咁樣，到某個 point 你突然頓悟，技術就會突飛猛進。

香港這城市雖小，資源不及其他國家，但運動員的

志氣毫不輸蝕！我知好多球員個心都係想登頂峰，只不過被局限於香港特別的環境壓力 —— 不少人仍有「運動員冇出路」的想法 —— 始終心大心細，未必能百分之百專注運動事業。

其實今天全球業界的趨勢，運動員都是雙線發展，例如香港的大學設有運動員優先取錄和學生運動員入學計劃。球員退役後持有學歷，兼之經歷磨練後EQ更高，個性也更堅強樂觀，前景絕不輸給營營役役打一份普通悶工的年輕人。

以香港這種講享受舒適、下下講錢的社會風氣，球員們能「逆流」而上，做到佳績，充分證明他們的付出和努力，作為教練倍感欣慰。

我自己做過球員，真係不甘心這些有天分的年輕人被埋沒！諗盡辦法出盡法寶，希望球員吸收球知識，無論過程有否激氣都不介意，同樣地也希望球

員能理解這**強硬要求背後，是一顆點讚他們的心。**

同時我寄望，由教練到陪練、整個團體為球員服務，球員能感恩之餘，成功後也繼續貢獻體壇、幫助後輩同業，將自身價值發揮至極致，香港乒乓會走得更高更遠。

體育大家庭好有意義，能鍛煉體格品德志向，又能為社會培育人才。

希望越來越多年輕人加入！

---

**窒下佢哋** zat⁶ haa⁵ keoi⁵ dei⁶【嗆／懟一下他們】

**輸蝕** syu¹ sit⁶【比別人差】

**下下講錢** haa⁵ haa⁵ gong² cin²【金錢掛帥】

# 做世一易過做人

世界變，但人生沒變。

今天世界變舒適了，但人生沒變舒適 —— 是的，你看清楚，是「世界」不是「人生」。

可能你 OS：我唔制，點解有世界唔歎，要捱苦咁傻？

可能你 OS：我咁叻，成功呼之則來，冇理由要努力。

你在家中講你自己喜歡講的，在學校公司聽自己喜歡聽的，在網上旅途上看自己喜歡看的。成個世界得你自己，你當然舒服又出眾，輕鬆做世一。

## 不過現實是，人生中還有很多你「不喜歡」的世界。

多謝科技，現代生活便捷度幾何級暴增，但人的視野不會自動變更遠大；今天資訊傳遞快過光速，但人的傳情不會自動變更達意。

人生依然是充滿難題，難題不會自動被解決。

**無論時代或世界怎變遷，一個人要做的還是要做，自己做，努力做。**

現代人流行講 mood 講心情，挑食挑衣服挑學科挑公司，「我喜歡的」堆滿身旁，小小世界幸福滿滿。

對呀，有世界點解唔歎啫，最怕是你想邊享福，邊成功。

所謂人生，無論是生活上哪一方面，由學業到事業甚至生兒育女，有人就有競爭，都有個金字塔，都有你不喜歡看到聽到感受到的人事物。

你想舒適，就舒適地留在自己那小世界裏好了，切勿妙想天開，以為自己會不費吹灰之力突然置身塔尖。

做人是一場循環賽，就算拿到一點你喜歡的成績，**拿完就一切歸零，下一場你不喜歡的競賽又再光臨，你必須再次從新努力。**

人生沒有不勞而獲，呼吸都要用力啦！

---

**世一** sai³ jat¹【世界第一，常指世界冠軍】

**我唔制** ngo⁵ m⁴ zai³【我不依～】

**有世界唔歎** jau⁵ sai³ gaai³ m⁴ taan³【不去享受，自討苦吃】

# 百分之十利潤

用我一念之仁，換你一勝之機。

解決技術難關，有可能開心輕鬆：當人被指出錯
處，難免不快，拒絕接收訊息，甚至反抗、發脾氣。
球員有不良反應或關閉聽覺，我就大不了陣間再
教、擇日再教、比完賽再教，或者，嗯，佢突然醒
悟有需要時再教 —— 總有一個時機係教到佢啩？

受氣、被誤解或針對，唔緊要，我咪氣聚丹田、一
笑置之囉。**教不歡愉，氣不安樂。** 鬼叫無
數孤獨夜晚攝高枕頭同自己對話，又同人生智慧比
我豐富的良師益友傾過分析過，我，始終熱愛教
波，適合教波。

作為主教練，我的責任是凝聚團隊，發揮協同效
應，將戰鬥力最大化，我面對的所謂教學難題和自
己的情緒根本不值一提。**有「人」就有人性
問題，這就是人世。**

我真的很喜歡這工作，一來現代社會和家庭模式令
年輕人甚少面對挫折，藉着訓練，能讓年輕人多面
對勝敗和層出不窮的挑戰，磨練心性和韌性；二來

他們多做運動又能釋放學業和生活壓力，多好！做教練多有意義！

教波九年，遇過球員習慣用「客觀因素」去證明自己已盡力，也遇過球員不理「客觀因素」不認命不認輸，最終排除萬難，成就閃閃生光的成績與人品。

做人呀，**十分努力與汗水，一分收穫都收貨，因有百分之十利潤，知足常樂，對吧。**

但求過程無愧於心，不求結果事事如意。所謂人可欺，心不可欺，心可欺，天不可欺。天雋永，意味無窮。

---

**陣間** zan⁶ gaan¹【隔一會兒】
**鬼叫** gwai² giu³【誰叫】
**攝高枕頭** sip³ gou¹ zam² tau⁴【豎起枕頭，俗語，指徹夜思考事情】

# 一個蘿蔔一個坑

**人生是一個公開實力的舞台，你的實力、人品，有目共睹，自說自話沒用。**

不像其他國家地區隨意撒一大把種子等待收成，香港個 pool 細，培育年輕人真的一個蘿蔔一個坑，每一個都悉心呵護，逐塊葉修靚，非常矜貴。

你以為每一位優秀運動員都是天才，隨便練練，成績手到拿來？是也不是。因為，就算你再有天分，但世上的對手係贏唔晒的 —— 人家對手也是天才，人家也有背後教練團隊和資源。

天才通常有個性，易出成績但唔易教。天分一般的需要更多栽培、輔助，但若夠用心夠勤力，也可做到超出他們自己、父母以至外界預想的成績。

坦承自己有不足，踏踏實實努力加操，虛心苦練技術、改善球商，自己策略思維不夠聰敏但識得用教練個腦，然後做到個人高峰甚至史上最佳成績，退役後繼續貢獻體壇、栽培下一代人才的球員，**好幸運，香港有。**

科技愈發達人愈懶，年輕人追求短平快，最好補一補習就考第一，今日投資聽日賺 10 億……邊有咁大隻蛤乸隨街跳，蘿蔔你醒醒！

傳媒報道運動員故事，「持牌」天才當然耀眼又呃 Like，不過，資質中等但拼搏超班，才是無論體壇還是社會都需要的楷模。

贏當然好，但唔夠打都鬥志激昂，堅持拼至最後一刻，活出閃亮無悔人生，才是真正的體育精神。

不斷用心學習、吸收、進步，幾經艱辛終超越自己，甚至超越天才 —— 這不但鼓舞人心，更是世上難得可貴的標桿。

一項運動、一門技術、一種文化，**承傳不是只靠天才。**

Pool puːl【指人口數目。人口少，運動員數目自然就相對較少】

聽日 ting¹ jat⁶【翌日，明天】

邊有咁大隻蛤乸隨街跳 bin¹ jau⁵ gam³ daai⁶ zek³ gaap³ naa² ceoi⁴ gaai¹ tiu³【哪有這等好事，別做夢了】

呃 Like ngak¹ laɪk【吸「讚」力高，形容內容夠噱頭】

# 人品

**短期來看，一個人的運氣和起點很重要，但到了一定階段，能力就變得很重要；而到最後還能立於不敗之地的，一定要靠好的人品。**

無論是成年、青年（15-19 歲）還是少年（10-15 歲）球員，我都不想填鴨式教育，人人倒模同一教法。

我的教學理念像砌積木，建基於他們的底子，即他們啟蒙老師、初代教練以至現時其他教練已植入的技術和理念。

以此為基礎，加入我職業世界和實戰得分的理念；有需要的話，又會把積木拆下一點才再加上去。

加上去的積木，是度身訂造，因為每位球員的骨架、動作和發力方向都不同，訓練必須適合他們的身型、手型以至肌肉發展。

就連理念以至語氣，都要配合球員的風格和個性。無他，目標為本。

那豈不要花很多心思？不，分內事。夠鍾意自己做的事情，就自然做多啲都不覺蝕底。

我的理念是，球員把球打好，不夠！我還想透過言傳身教，培養他們的心性與品德。

有這想法，也是經驗之談。我見過無數天才運動員，很有天分和球感，但因為不能承受挫折，或為名利分心，短暫發熱發亮後便無以為繼。

反之，很多球員球感一般，但堅強和上進心性化成強大的自我學習能力，最終打入世界排名前三十，戰勝了自己資質。這份堅毅，日後在其他層面如做生意和個人發展，同樣實用成功。

## 最後勝利靠人品，真正講心唔講金。

天分高，只代表你下限較高、地基厚一點；至於上限，能去多高呢？

下限至上限中間的一大段距離，再靚的積木，再妙的技巧，你躺平歎世界，積木不會自動疊高。對吧？！

或者走精面 hea 疊，金玉其外，細看結構搖搖欲墜危危乎，終有一天風吹樓塌。

**好技術陪球員走事業，好人品陪球員走一生。**

---

**砌積木** cai³ zik¹ muk⁶【疊積木】
**歎世界** taan³ sai³ gaai³【享受生活】
Hea he³【敷衍了事、草率隨意，貶義詞；作動詞用則指悠閒地消磨時間，中性詞。有指正字為「棄」。】

# 三堅

**此刻，我心目中的成功是：當某一天，一提起某絕招，大家就想起「香港乒乓」。**

昔日條件和環境刻苦，做球員，日日都問自己：打定唔打？

技術瓶頸、隊內外競爭、傷患、出路、個人發展……問題天天都多，日日披荊斬棘。

競技體育本來就是荊棘之路。倒不是日子苦所以解鎖了吃苦技能，相反，是本身要夠**堅強、堅持、堅信**，才留得下來。

細心一想，這也不是運動員專屬體驗 —— 人生本如此。

吃苦的人不一定成功，但成功的人一定不怕吃苦。

大家看到我們贏獎牌，那畫面多麼美，但背後，當中有一半是運氣，餘下的一半，是我們在痛苦中堅強、堅持、堅信過。

我們怎會沒痛苦過？正是因為痛苦過，勝利才更甜美！

**不親身經歷痛苦，怎曉得珍惜幸福，這就是痛苦存在的意義。**

成功係人都鍾意，但未到終點之前，沒有人知道結果，拼的就是誰能堅持下去。

像中國乒乓、巴西足球、美國籃球、日本棒球，知名的不是一個半個傳奇球星，而是那代代相傳、堅持「一定要做到」的職業態度。

當人為了追逐夢想而堅強、堅持、堅信，那股能量，是非常強大而瘋狂的，能戰勝一切困難和痛苦。

**追逐夢想有甚麼好稀罕的？稀罕的是，為了追夢而不畏困難的三「堅」。**

我自己也只是無垠洪荒中，一個渺小的，熱愛了乒乓大半輩子的，仍在努力強大自己好去強大別人的，人。

當有一天，我們強大到有一個技術領域，無論誰都立即想到「香港乒乓」，那時我就真覺得自己是成功了。

---

**一個半個** jat$^1$ go$^3$ bun$^3$ go$^3$【固定語，指數量極少】

**領域** ling$^5$ wik$^6$【見第七章〈企都有步法〉，指獨門絕技】

# 唔好套路我

**（邊吃豬扒包邊說）瘦咗 30 年，好不容易養到肥肥白白，自我挑戰減肥？唔挑。**

身體檢查，體脂、內臟脂肪超標，叫我減 10 公斤，**係公斤**。啲女仔笑到傻。

做教練，愈做頭髮愈少，身型愈發「中厚」。你別以為純屬退役後運動量減少的中年危機，中醫說「思傷脾」，為教學，食不少但事繁，真係有影響㗎。

老婆都嫌棄我，佢眼神嗰種鄙視呢，真係世風日下。

球員年代，往往超時練球到 8 時多，食堂已關，就跟住師兄師姐「搵食」。在北京，體育局旁就有路邊攤，嘩嗰啲正宗新疆烤羊肉串，用的是炭爐，調味與風味十足，百吃不厭。

還有北京涮羊肉，啲羊肉靚到，就咁清水煮都全無羶味！

星期日睡足了，出去吃小攤檔的煎餅果子。一勺麵漿，打個雞蛋，加蔥、油條，調味。地道又平靚正，最啱我呢啲小市民。

四川烤全羊，整隻架在火爐上烤，皮脆肉嫩，一大班人邊講邊笑邊切邊吃，是吃也是娛樂。

家鄉，食在廣州，港口旁就是海鮮市場。直接從船上買挪威三文魚；番禺有手掌那麼大的烤蠔、重皮蟹。朋友從南澳活捉手臂那麼長的巨蝦，還有當地名產宅魷魷魚乾。農莊全天然走地雞、餵草養上兩三年的大鯇魚……數唔完。

家裏，老婆大人掌廚，撚手家常菜，有肥豬肉的土豆炖粉條以及都唔知佢點整的電飯煲脆皮雞 😛。岳母大人最拿手即包餃子、煎餅，她非常講究，麵糰要反覆搓揉至有韌性，餡料分量也有規定。嗯我真係好有口福㗎！

我的吃，豐儉由人。與三五知己，就包個廂房靜靜地，開支紅酒，放鬆心情邊聊邊吃；自己一個人，就簡簡單單，小雜魚煎香當飯吃，蝦乾用油鹽爆一爆……啊還有紫菜！灑一點白酒，小火烤一烤，諗

起都流口水。

叫我減肥當自我挑戰？唔挑，又何必呢。減咗先可

以食多啲？**No，唔好套路我**！

---

**搵食** wan² sik⁶【原意為找生計，此處照字面解作「找

吃的」】

**平靚正** peng⁴ leng³ zeng³【價廉物美】

**爆一爆** baau³ jat¹ baau³【（烹飪）爆炒】

# 同頻共振
## 人生貴相知，何必金與錢？

看新聞看電視，甚麼家族爭產、親友背叛、種種悲歡離合；而自己有朋友為我出謀劃策，既是知己也是貴人，亦師亦友，很幸福，夫復何求。

朋友關係跟所有關係一樣，是相輔相承、雙向付出。我一直深信，待人以誠，別人一定能感受到，遇上同頻共振、志同道合，自然能成為朋友。

當然不排除世上有負心漢啦，總不成人人都鍾意你，除非你變咗做鈔票（人見人愛）啫。

**朋友之重要，在於交換智慧。** 在作出一些人生抉擇時，我很幸運地有朋友在旁指點，給了我靈感、理念或方向，才有今天的李靜。

我常說「失敗要自己彈返起身」，但人總要到真正面對困難那一刻，才會知道自己有多無助。

當年食物中毒，影響肌肉和神經，事業前途都別談了，根本差點死翹翹！第一次，我明白到自己在命

運面前多麼渺小，你再強、再肯面對困難，還是會
有做不到的事情，有錢也沒用，叫天不應叫地不靈。
那時候我憑求生意志和自律，真的用信念殺菌，彈
返起身！但整個過程也花了 8 年，罹病之初的彷
徨，只有自己和藥知。

經歷如此人生劇變之際，幸得朋友指點迷津，我才
走出迷惘。

有人幫忙的感覺，像太陽出來了，雪就會溶，困難
還是存在的，要靠自己掃清，但無力感慢慢消弭，
豁然開朗。

我也一直從朋友身上學習做別人的「朋友」，**只
要你同樣真誠，我會為你尋找和爭取
機會，在困局中給你鼓勵，教你做個
好人。**

**負心漢** fu⁶ sam¹ hon³【比喻你對別人好，但別人對你不好】

**失敗要自己彈返起** sat¹ baai⁶ jiu³ zi⁶ gei¹ daan⁶ faan¹ hei²【跌倒了自己爬起來】

# 半生茶

## 半生戰場刀光劍影，半生烹茶雲淡風輕。

2009 年，我跟着朋友學品茶。

實際目的是調理身體，1997 年食物中毒後，健康就成了我人生一大課題。

茶也是中藥，我根據自己體質，品嚐適合自己腸胃的。

最喜歡高年份大紅袍、老欉水仙和玉桂。生茶就喝不了。

茶圈水很深，最初試過畀人呃，買甚麼陳十年的茶葉，攞貨時發現上當，右計，不深入了解就右發言權，係要交下學費。

最初唔識，試茶時一次過準備 7 種茶，生普到熟普、5 年到高年份 30 年都有，未泡盡，好嘥 —— 其實一些好茶，沖個 20-30 泡才叫「飲盡」。

為尋找好茶葉，我跟着朋友跑去武夷山山頭，結識原產地的茶農和製茶人，親自了解茶樹苗來自何

處，一季落多少肥，茶炒多少次，還有當地的山水
風土人情……想學就要親力親為。

## 係呀，我就係連飲茶都咁認真（笑）。

茶雖簡單，其蘊含五行：「金」的礦物質，由「土」
而生之「木」（茶樹），得茶葉後烘炒以「火」，烹
以「水」。

品之觸動五感，山水聚一色，香氣氤氳，唇齒間淳
韻甘幽，泡茶指尖所及熱燙。茶舍寧謐雅緻，興之
所至與友相聚；天南地北，無以上之。

我們試茶，下午 6 時開始，可以試到凌晨一、兩點。
茶試畢，晚飯吃個潮州雜魚鍋或者蠔烙滷水掌翼，
再烹烹茶聊聊天，歇夠了去打球，娛樂文化體育共
冶一爐。

興趣是知識的表述，前半生熱血闖蕩江湖，現在附
庸風雅談笑間，從對茶的認知，慢慢累積對生活、
文化以至人生的學問，滋潤身體，修心養性。

嗯，原來李靜不是只懂打球。

每想及此，嘴角微揚。

---

**水很深** seoi² han² sam¹ 【人事複雜，外行人捉摸不透】

**畀人呃** bei² jan⁴ ngak¹ 【被騙】

**唔識** ng⁴ sik¹ 【不曉得】

**好嘥** ho² saai¹ 【很浪費】

> **好技術陪球員走事業，
> 好人品陪球員走一生。**

# 静哥 TMI*

| | |
|---|---|
| 姓名 | 李靜 Li Ching |
| 花名 | 卜仔 |
| 籍貫 | 廣東珠海斗門 |
| 血型 | B+ |
| 身高 | 166cm |
| 體重 | 69kg |

| | |
|---|---|
| 嗜好 | 飲飲食食 |
| 偶像 | 容國團 |
| 最有信心的身體部位 | 眼睛 |
| 開心 / 傷心 / 壓力大時會 | 閉門靜思 |
| 一句能代表你的金句 | 見到幸福要夠膽攞 |
| 一個能代表你的動作 | 贏波後振臂高呼 |
| 一個「被發現就慘」的弱點 | 面皮薄 |
| 對 20 年前的自己說一句話 | 一切皆執着因果 |
| 對 10 年後的自己說一句話 | 心順吉好 |
| 人生必做但未做之事 | 同老婆一齊踢足球 |

| 最鍾意 | |
|---|---|
| 顏色 | 紅 |
| 形狀 | 圓形 |
| 數字 | 7 |
| 季節 | 秋季 |
| 食物 | 海鮮 |
| 零食 | 花生 |
| 飲品 | 烏龍茶、普洱 |
| 電影 | 科幻、諜戰 |
| 音樂 | 輕音樂 |
| 旅行地點 | 沒有特別想去的地方 |

| 最怕 | |
|---|---|
| 人 | 教練 |
| 事 | 超出自己能力範圍的事 |
| 物 | 危險品 |
| 動作 | 危險動作 |
| 情況 | 突發事件 |
| 食物 | 無 |
| 昆蟲 / 動物 | 無 |

## 人生最難忘的 5 場比賽

| | |
|---|---|
| 2004 雅典奧運 | 男雙決賽，因技術故障錯失奪冠良機。 |
| 2006 多哈亞運 | 男雙決賽，超水準發揮拿下冠軍。 |
| 2008 北京奧運 | 男團第三場的男雙，對韓國柳承敏／尹在榮，比分領先反輸，導致團體最後失利，十分懊惱與遺憾。 |
| 2013 亞錦賽 | 女團亞軍，第一次作為女隊主教練帶隊出賽並有佳績。 |
| 2020 東京奧運 | 女團銅牌，得來實屬不易。 |

## 填充題

1. 乒乓是 ___樂趣與謀生職業結合體___ 。

2. 呢一刻最想做的是 ___食鹹魚___ 。

3. 想擁有的超能力是 _瞬間移動_ 因為 _過癮囉_ 。

4. 我想擁有 _高僧_ 的能力，因為 _能真靜_ 。

5. 如果冇打乒乓波，你會做 ___個體經營者___ ，
   因為 ___都幾睇個人能力與格局___ 。

6. 推薦大家看《_六祖壇經_》，因為 _明白自己是甚麼人_ 。

7. 此刻最想 PK（交手）的球手是 ___太太___ ，
   因為 ___不夠膽贏，輸咗都開心___ 。

8. 理想生活是 ___工作中可陪家人___ 。

# 李靜
## 乒乓小教室 *

乒乓球所需器材不多，容易學習，不論男女老幼都可參與。藉此機會介紹一些乒乓基本裝備和場地規格等小知識，附加一些個人感想，希望大家更能樂在其中。

* 參考資料：
國際乒聯（ittf.com）

# 球枱 / *T*able

總長 2.74m、寬 1.525m，中間以球網分為兩邊，白色外界的白線
粗 2cm。另球網高 15.25cm。

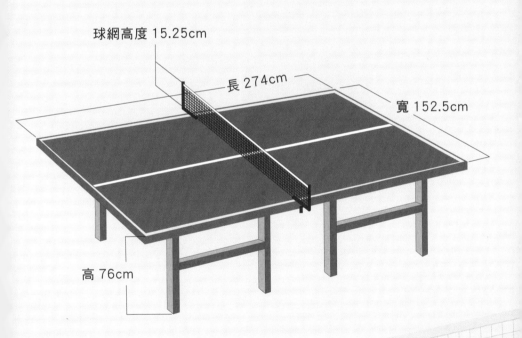

球網高度 15.25cm

長 274cm

寬 152.5cm

高 76cm

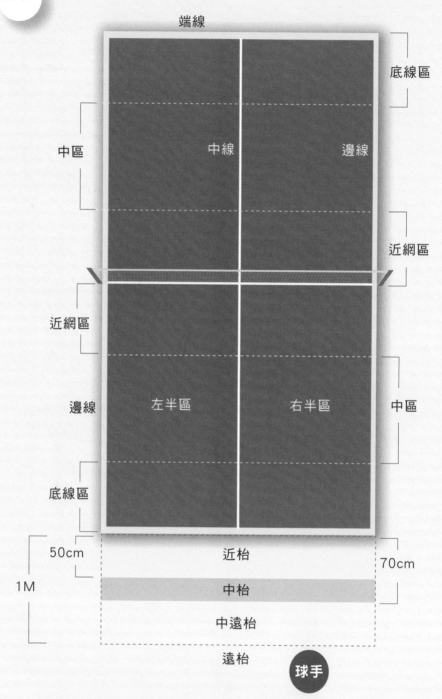

端線

底線區

中區

中線

邊線

近網區

近網區

左半區

右半區

中區

邊線

底線區

50cm

近枱

70cm

1M

中枱

中遠枱

遠枱

球手

## 枱（台）面區域｜Playing Surface

**右半區** Right Half-Court：乒乓球枱面分為左、右半區，其方向是對擊球者而言。

**左半區** Left Half-Court：同上。

**近網區**（即「小三角位」）Net Zone：指距球網 40cm 以內的區域。

**底線區** Goal Zone：指距端線 30cm 以內的區域。

**中區** Centre Zone：指介乎於近網區和底線區之間的區域。

**端線** End Line

**邊線** Side Line

**中線** Centre Line

## 枱（台）外區域｜Court

**近枱** Close-/Near Table OR Short Court：站在離枱 50cm 以內

**中枱** Mid-/Centre Table OR Middle Court：站在離枱 70cm 以內

**遠枱** Far-Table OR Back Court：站在離枱 1m 以外

**中近枱** Mid-Close Table 或**中遠枱** Mid-Far Table 就是介乎上述兩者之間

> 球枱用料各有不同，令我最驚訝係奧運枱點解咁貴，平時幾千一萬，奧運嘅十幾廿萬一張都有！我哋早期嗰啲都幾萬蚊一張，只知越來越貴，腦裏打個好大問號？！

# 球拍 / *Racquet/Racket/ Paddle/Bat*

約長 17cm、寬 15cm。

球拍由底板、海綿、膠皮、膠水組成,跟任何運動器材一樣,隨年代不斷改良、發展。例如膠水,以前好大陣味,而家用冇味水性無機,搽法唔同咗;膠皮的顏色也有 5 種。規格詳情可參看國際乒聯(ITTF)網站。

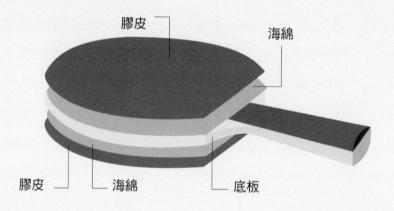

膠皮　　海綿　　膠皮　　海綿　　底板

## 底板 | Blade

底板,唔講你唔知,同一塊木,不同機器切出來,會有不同彈性!我約莫了解,大家自行求證,總之新機器切入角度不同,塊板彈性可以高百分之八至十五。

舊時好多用純木,實的的(很結實),很硬很重,力道係勁啲,一塊真係可以打廿年。純木板黐海綿時很講究技巧,風乾的時間很長。新板要花時間「打開」佢,大約兩星期至 1 個月,要打透塊木,道理像飲茶要養壺,打透咗先冇咁震手,增強掌控力,跟那塊板培養默契。

現代板又碳素又纖維，輕一點但亦較易「謝」（變軟），一兩年就冇力（欠回彈感），換板頻率高咗。

## 膠（皮）| Rubber/Racket Covering

一般分為顆粒膠皮（Pimpled Rubber）和海綿膠皮（Sandwich Rubber）兩種。

## 反膠 | IN/ANTI pimples-in

現在全球最流行的膠皮，顆粒向下貼，即表面是平的。穩健性和磨擦度高，旋轉比正膠和生膠強。

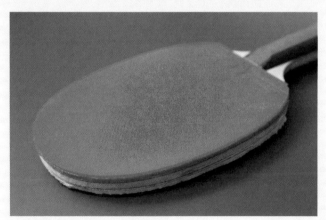

顆粒頂直徑 ≥1mm，高 ≥0.5mm，
顆粒頂之間距離 ≥0.5mm

## 正膠 / 生膠 | OUT pimples-out

兩種都是我們叫的「粒仔」（顆粒向外）。

正膠：即我們口中的「熟膠」，速度為主。旋轉比生膠弱，波冇咁飄，較易控制。

生膠：顆粒較硬，都係速度快，多女仔用。

顆粒頂直徑 1mm-2.2mm，高 ≥1mm，
顆粒頂之間距離 ≥1mm-2.0mm

## 長膠 | LONG pimples-out

顆粒愈長、球愈飄和轉，通常是防守型削球手使用。

> 66 講到膠，真係好多嘢講。
>
> 以前膠皮和海綿是分開的，自己去揀，然後親手用膠水貼起來，我都係熟手技工（笑）。
>
> 貼膠皮的技巧會影響比賽表現，有時真係輸膠皮，唔係講笑！原理？膠皮貼得唔夠好，就冇咁好打。舉例，國際規定膠皮最厚 4.00mm，手藝最勁可以藕到 3.99mm，我藕到 3.95mm 彈力就差少少。
>
> 而家統一標準，（生產商）已經藕好一 set 過賣，有軟有硬，方便球員換膠。 99

66 年輕時有一段時間，我很追求擊球時那種「框框」聲（音 kwaang'），很爽，像你聽到網球 ace 那聲響一樣，很過癮。

組合嘗試過很多，正膠海綿配反膠膠皮，也試過日本海綿配中國膠皮，都是彈力與可控性之間的取捨，純屬個人選擇。

我很慶幸自己沒有沉迷去搞板，點解？因為好易走火入魔，輸波就賴板賴膠皮。我始終認為，輸波的原因是「人」。

國家隊的球拍好精緻，有球手姓名，好型（笑）。

好多職業球員會訂製膠皮，比市面賣嘅更好打，一般人買唔到。99

66 我們專業選手，其實單看對手的球拍，已能看出對方的優勢和技術含量！

例如，海綿硬可能是進攻力強，因為海綿硬打起來要用較多氣力；海綿脸（軟）一點，穿透力差些但穩定度較高，較適合力量不大的選手。99

66 選球拍準則？既是個人喜好，又要配合個人打法。

例如，正手打得好，應該是正手海綿硬一點、反手海綿偏軟。反手打得好就相反。

我自己是用中國膠的，轉啲、好控啲（見第四章〈On 膠〉），配合自己打法特色和需要，要根據自己特定的打法去揀。

日本膠低旋轉度、彈啲，擊球方法和方式會有少少唔同，撞擊多啲，我本身唔係力量型，太彈我力量唔夠。99

乒乓小教室

**66** 點解生膠較多女仔用？因為如果本身打法變化較少，比人快就更大威脅，唯快不破嘛！

男仔力量較大，可能齋靠大力都可以抵消你嘅旋轉，所以限制咗你技術發揮。大力出奇跡！**99**

**66** 膠皮和板要夾自己、啱自己打，就一定係根據自己身型和打法模式去揀，咁先至係人板合一。

點解身型有關係？膠彈啲，你衝過去時走少幾步，咪直接影響你練嘅步法囉！練好步法，一來可以慳好多擊球嘅力，二來如果到位又啱力，手唔會咁趷、咁易受傷。識重心轉換可以卸好多力（見第七章〈企都有步法〉），你唔識卸力，人哋打七萬板等如你打十萬板，傷咗真係直接收工。**99**

**66** 球拍都有名牌，我建議業餘選手買板唔好盲目「追星」，若真用來打球，最好還是諮詢一下專業人士。

如果你係收藏家另計，為愛好收藏十幾塊那種，好似小朋友儲貼紙、儲 figure 公仔、儲茶葉、儲好酒，咁冇所謂，心頭好嘛。真正用家，其實有三幾塊啱打就得，正板、副板，多一塊傍身。我？以前球員時 3 塊，而家做教練只有 1 塊，有時直接用球員嘅哈哈。**99**

# 球 / **B**all

橙色或白色，直徑 40mm，重約 2.7g。

❝ 以前係 38mm，而家係 40mm。大家可能以為球大了 2mm，差別很少，但其實作為教練就知有影響，牽一髮動全身！

以前球細，球面少、旋轉會更強，要接好旋轉球就要同樣懂得用旋轉卸力，因此球小一點，對球員控制能力和技術含量的要求就高一點。

現在球大了、球面多了，需要的技巧就少一點。但反之，對力量的要求就很明顯，擊球要更大力過場，否則易被反攻。不過這不單單是訓練時要叫球員打大力一點──對力量要求高了，意味着揮臂力量和幅度增加、來回跑動增多，亦即對體能要求更高，同時要更小心預防傷患。❞

# 後記

新書定稿，開心時刻！

出呢本書，係一個團隊嘅成果，冇大家幫忙唔成事。

多謝萬里機構，負責出版相關大小事宜，呈現「原汁原味」的李靜。

多謝奕朗體育的 Franky 全力統籌推動、梁殷欣提出構思、Ale 包辦內容定位。奕朗與我理念一致，呢次出書唔係為賺大錢，係我想為體壇和下一代傳承一點點文字、數據和體驗，咁啱遇上一向真心以香港為立腳點在全世界推廣體育、以運動為媒介向社會大眾傳播正面理念的奕朗團隊，大家背後的故事都是滿載真誠、為夢想迎難而上，緣分到一拍即合！因為順其自然，所以整個合作過程，思想上好舒暢。真的。

李靜半生，問功績唯有乒乓。有志者事竟成，但有心做也要上天界面，我有幸能得獎牌作見證，在乒乓歷史中刻上自己的名字。至於背後數十載歲月，每天不斷跟自己競賽、直面人性與意志挑戰的艱辛歷程，今次通過文字，化成一面關於人生的獎牌；此書終於出版，我也像站上頒獎台一樣，開心又感恩。

我係乒乓人，這本書卻是屬於大家的，也屬於我的朋友、教練、親人和對手。希望大家英雄所見略同，眼球在字裏行間得到閱讀樂趣，心靈也喜獲共鳴和感悟，學懂為了理想，戰勝惰性。鬥贏自己唔容易，不經風雨沒彩虹。

時間是不會吹水的，它只會告訴你結果。

李靜

著者
李靜

撰文
鄧美茵（Ale Tang）

責任編輯
梁卓倫

裝幀設計
羅美齡

攝影
Henry Law
Amelia Loh

排版
楊詠雯

出版者
萬里機構出版有限公司
香港北角英皇道 499 號北角工業大廈 20 樓
電話：2564 7511　傳真：2565 5539
電郵：info@wanlibk.com
網址：http://www.wanlibk.com
　　　http://www.facebook.com/wanlibk

發行者
香港聯合書刊物流有限公司
香港荃灣德士古道 220-248 號荃灣工業中心 16 樓
電話：2150 2100　傳真：2407 3062
電郵：info@suplogistics.com.hk
網址：http://www.suplogistics.com.hk

承印者
寶華數碼印刷有限公司
香港柴灣吉勝街 45 號勝景工業大廈 4 樓 A 室

出版日期
二〇二二年十一月第一次印刷

規格
特 16 開（213 mm × 150 mm）

策劃：

奕朗體育
YELLO
MARKETING
SPORTS AGENCY